Ulrich Schmid

Neue populäre Irrtümer über Pflanzen und Tiere

Ulrich Schmid

Neue populäre Irrtümer über Pflanzen und Tiere

Von diebischen Elstern, dicken Krokodilstränen und Fleisch fressenden Pflanzen

Cartoons von Friedrich Werth

KOSMOS

Mit 56 Schwarzweiß-Cartoons von Friedrich Werth, Horb

Umschlaggestaltung von eStudio Calamar, Pau, unter Verwendung einer Illustration von Friedrich Werth, Horb

Bibliografische Information Der Deutschen Bibliothek
Die Deutsche Bibliothek verzeichnet diese Publikation in der Deutschen Nationalbibliografie; detaillierte bibliografische Daten sind im Internet über http://dnb.ddb.de abrufbar.

Gedruckt auf chlorfrei gebleichtem Papier

ISBN 3-440-09628-9
Projektleitung: Stefanie Tommes
Lektorat: Bärbel Oftring
Produktion: DOPPELPUNKT Auch & Grätzbach GbR, Leonberg, Lilo Pabel
Grundlayout: eStudio Calamar, Pau
Printed in Czech Republic / Imprimè en Rèpublique tchèque

VORWORT

Kaum sind „275 populäre Irrtümer über Pflanzen und Tiere" aufgeklärt, folgt dem ersten Band über allerlei falsche Vorurteile und Fehldeutungen aus dem Reich der Biologie ein weiterer. Warum? Dafür gibt es zwei Gründe. Der erste: Mit den „275 Irrtümern" war noch nicht alles Pulver verschossen. Nach Sichtung des Restes war klar: Ein weiteres Buch lohnt sich. Mit dieser Sammlung steigert sich die Zahl der Artikel auf über 400. Der zweite: Die überaus zahlreiche Leserschaft drängte auf mehr. Und diesem Wunsch zu entsprechen war Autor und Verlag eine höchst angenehme Pflicht.
Eine solche ist es auch, kritischen Leserinnen und Lesern für manche Ergänzungen und Diskussionen zu danken, die sich an einzelnen Beweisführungen entzündeten, und ebenso für Hinweise auf weitere populäre Irrtümer. Meine Bitte für die Zukunft: Scheuen Sie sich auch weiterhin nicht nachzufragen, wenn Sie auf Fragwürdiges oder gar Unglaubliches stoßen! (Postadresse: Staatliches Museum für Naturkunde, Rosenstein 1, D-70191 Stuttgart; E-mail: ulrich.schmid.smns@naturkundemuseum-bw.de). Anders als im ersten Band finden Sie in der vorliegenden Sammlung auch einige längere Artikel. Mancher Irrtum lässt sich eben erst durchschauen, wenn man die Hintergründe kennt und die sind zumindest in der Labor-Biologie manchmal nicht mit ein, zwei Sätzen ge- und erklärt. Die immer wieder durch die Presse geisternde menschliche Stamm-Mutter Eva war mir zum Beispiel ebenso einen etwas ausführlicheren Artikel wert wie so grundlegende biologische Fragen, ob alle Lebewesen sterblich sind – sie sind es nicht! – oder ob sich unterschiedliche Arten nun kreuzen lassen oder nicht. Trotzdem hoffe ich, dass auch bei derlei schwierigen Fragen das kurzweilige Lesevergnügen nicht auf der Strecke bleibt.

AFFEn lausen sich zur gegenseitigen Körperpflege.

Man kennt das Bild aus dem Zoo und Filmen: Da sitzen sie hingebungsvoll nebeneinander, durchsuchen Strähne für Strähne, popeln mit spitzen Fingern, führen gelegentlich winzige Partikel zum Mund – meist Hautschuppen, manchmal vielleicht tatsächlich eine Laus. Insofern stimmt die Überschrift. Aber fast mehr noch als der physischen dient die Lauserei der psychischen Hygiene innerhalb einer Affengruppe. Aus der vom Einzelnen als überaus angenehm empfundenen Fellpflege entwickelte sich eine Methode, Kontakt aufzunehmen und Spannungen abzubauen. Wer wen wann wie lange laust, spielt eine große Rolle im Leben einer Affengruppe. „Lausend" wird Freundschaft angebahnt und die Liebste hofiert, dem Chef geschmeichelt oder dem Missetäter Vergebung erteilt. Dabei tritt der Ursprung dieses Verhaltens, die eigentliche Körperpflege, oft völlig in den Hintergrund. Grooming, so der biologische Fachausdruck für dieses Verhalten (engl. to groom = pflegen, bedienen), entspricht in seiner Funktion etwa dem Gespräch in menschlichen Gesellschaften, dessen Bandbreite vom schnellen, aber – selbst wenn die Worte eigentlich belanglos sind – eben durchaus nicht nichtssagenden Smalltalk bis hin zum intensiven Dialog, der der grundsätzlichen Verständigung dient.

Die AFFEnschande spielt auf das Verhalten von Affen an.

Hier wird die menschliche Verwandtschaft, wie so oft, ganz ungerecht diskreditiert: Die Affen haben mit der Affenschande nichts zu tun. Der Ausdruck stammt aus dem Plattdeutschen. Aus der apenbaren (= offenbaren) Schande wurde im Lauf der Zeit die Affenschande.

AMEISEn tragen ihre Eier an die Sonne. Früher wusste jeder Aquarianer und jeder Waldvogelzüchter sich seine „Ameiseneier" zu beschaffen, um seinen Pfleglingen artgerechte Speisung angedeihen zu lassen. Seit die Erfindung des Trockenfutters die Zierfischfütterung wesentlich vereinfacht hat und ziemlich rigide Gesetze die Haltung heimischer Vögel einschränken, haben die Ameisen, die ihrerseits inzwischen unter Naturschutz stehen, endlich ihre Ruhe. Jedenfalls weitgehend, denn natürliche Ameisenliebhaber wie der Grünspecht stellen ihnen selbstverständlich immer noch nach.

Was als „Ameiseneier" gesammelt und gehandelt wurde, sind allerdings keine Eier, sondern Puppen. (Die Eier sind viel kleiner, etwa so groß wie Salzkörner.) Zur Erinnerung: Ameisen gehören zu den Insekten mit vollständiger Verwandlung. Die Larve wächst also nicht allmählich zum erwachsenen Vollkerf heran, dem sie von Häutung zu Häutung mehr ähnelt, sondern schaltet ein Puppenstadium dazwischen, in dem der Umbau zum „fertigen" Insekt stattfindet. Diese Puppen, bei vielen Ameisen in reiskornförmig längliche, weiße Seidensäckchen eingesponnen und dann auf den ersten Blick an Eier erinnernd, werden von den Arbeiterinnen in der Kuppel der Nester nahe der Oberfläche gelagert, weil es dort wärmer ist, was die Entwicklung der Puppen fördert. An Sonnentagen tragen die Ameisen ihre Brut sogar an die Oberfläche und lagern sie dort, um sie wieder in den Bau zurückzubringen, sobald es kühler wird. Die echten Eier dagegen bleiben tief im Stock, wo auch die aus ihnen schlüpfenden Larven leben.

Der AMEISEnbär ist mit den Bären verwandt.

Auf einer Party treffen sich ein paar Tiere und stellen sich einander vor. Der Wolfshund: „Ich bin ein Wolfshund.“ „Wie das?“ „Ganz einfach, mein Vater war ein Wolf, meine Mutter ein Hund. Und wie heißt du?“ „Ameisenbär!“ Tiernamen kommen auf alle möglichen Weisen zustande, und nicht immer sind sie sinnvoll. Immerhin, der erste Namensteil des Ameisenbären lässt sich leicht erklären. Ameisen und Termiten gehören zur Leibspeise aller vier Arten, ja, sie haben sogar ihr Aussehen wesentlich geprägt. Denn um von den überaus kleinen und oft in gut befestigten Nestern lebenden Insekten satt zu werden, bedarf es effektiver Sammelmethoden. Die Ameisenbären haben sie in Form kräftiger Krallen, mit denen sich auch betonharte Erdbaue von Ameisen oder Termitenburgen aufhebeln lassen, und in Form einer extrem langen, wurmförmigen Zunge. Der Große Ameisenbär kann sie über einen halben Meter herausstrecken! Blitzschnell züngelnd – bis zu 160 Zungenstöße pro Minute wurden gezählt – zieht der Ameisenbär die an der feuchten und mit nach hinten gerichteten Hornwärzchen bedeckten Zunge anhaftenden Insekten ins Maul. Wenig später finden diese sich im muskulösen Magen wieder. Dort und nicht im zahnlosen Mund findet die erste Aufbereitung der Nahrung statt. Die Tagesration eines Großen Ameisenbären liegt bei etwa 35.000 Ameisen oder Termiten.

Und der Bär? Große Bären sind auf dem südamerikanischen Kontinent keine Unbekannten. Schließlich lebt in den nördlichen Anden der Brillenbär. An Vergleichsmöglichkeiten fehlte es also nicht, um das ausgesprochen unbärige Auftreten des Großen Ameisenbären zu erkennen. Größere äußere Ähnlichkeiten bestehen zwischen den auf Bäumen lebenden Kleinbären wie dem Wickelbären und den kleineren Ameisenbär-Arten, den Tamanduas. Beide sind etwa gleich groß, bewegen sich eher langsam, haben lange Greifschwänze und beeindruckende Krallen. Vielleicht sind es die letzteren, verbunden mit wahren Bärenkräften, die dem Großen Ameisenbären seinen Namen eingetragen haben. Zwar sind die zehn bis fünfzehn Zentimeter langen Riesenkrallen der Vorderfüße eigentlich dazu gemacht, Ameisenbaue aufzustemmen, aber im Verteidigungsfall können sie zu gefährlichen Waffen werden. Dann richtet sich der fünfzig bis sechzig Kilogramm schwere Ameisenbär auf die Hinterbeine auf – auch das kann an einen Bären erinnern – und versucht, seinen Gegner in die Arme zu nehmen und ihm die langen Krallen in den Rücken zu drücken. Ein Umklammerung, die auch für scheinbar überlegene Gegner wie den Jaguar tödlich enden kann.

Bärig sind die Ameisenbären übrigens nicht nur im Deutschen, und auch der Ameisen wird in anderen Sprachen gedacht: Wissenschaftlich heißt die Familie der Ameisenbären Myrmecophagidae, also Ameisenfresser, englisch anteaters, französisch fourmiliers. Der Große Ameisenbär heißt in Südamerika meist entweder oso hormiguero (Bär des Ameisenhaufens) oder, leicht ironisch, papaformigas (Vater der Ameisenhaufen). Oft aber wird er auch mit dem aus dem indianischen Guarani stammenden Namen tamanduá bezeichnet, der im Deutschen den kleineren, kletternden Arten vorbehalten ist.

Eva pflückte im Paradies einen APFEL vom verbotenen Baum.

Die Bibel legt sich da nicht fest. Im ersten Buch Mose wird ganz allgemein von „Früchten des Baumes“ gesprochen. Auf zahlreichen bildlichen Darstellungen aus dem Mittelalter war aus der verbotenen Frucht vom Baum der Erkenntnis ein Apfel geworden. Nachdem es noch immer nicht gelungen ist, den Garten Eden zu orten und dort paläontologische und pollenanalytische Untersuchungen durchzuführen, sind wir auf Spekulationen angewiesen, welche Obstbäume dort wuchsen. Botaniker, die davon ausgehen, dass das Klima des Gartens dem im Nahen Osten entsprach, halten es für unwahrscheinlich, dass dort wirklich Apfelbäume wuchsen. Eher könnte die verbotene Frucht die des Granatapfels gewesen sein, der trotz seines Namens mit unserem Apfel nicht näher verwandt ist. Granatäpfel gehören zu den ältesten kultivierten Obstsorten. In Israel werden sie seit über fünftausend Jahren genutzt. Die Ägypter gaben ihren Toten bereits vor viertausend Jahren Granatäpfel als Grabbeigaben mit ins Jenseits – ein Zeichen ihrer Wertschätzung für den in alten Legenden oft als Lebensbaum gepriesenen Granatapfel. War es also ein Granatapfel, der damals so verlockend in Evas Hand leuchtete?

Aber auch der Apfel hat eine reiche mythologische Vergangenheit. Seine vollkommene Kugelform symbolisierte Erde und Kosmos, Kraft und Vollkommenheit. Im Reichsapfel wurde er zum Herrschaftssignet. In zahlreichen Märchen und Legenden von der mediterranen Sagenwelt bis zu den von den Gebrüdern Grimm gesammelten deutschen Volksmärchen erscheinen Äpfel (vorzugsweise goldene) oder Apfelbäume, die als Baum des ewigen Lebens besondere Bedeutung erhielten. Vielleicht legten die mittelalterlichen Künstler Eva deshalb ausgerechnet einen Apfel in die ausgestreckte Hand? Die Ambivalenz des Apfels, überdeutlich im Märchen von Schneewittchen, die einen Apfel mit einer guten und einer schlechten Seite erhält, spiegelt sich selbst in seinem Name wider: Malus lautet der wissenschaftliche (lateinische) Name des Apfelbaums. Im Lateinischen bedeutet malus aber auch: schlecht, böse.

Den Künstlern des Mittelalters dürfte also weniger der Wille zur wissenschaftlichen Exaktheit den Pinsel geführt haben als eine für die Zeit typische Bildersprache. Der Apfel in Evas Hand: Nicht nur eine Frucht, sondern ein Symbol.

Jemanden „veräppeln" hat etwas mit ÄPFELN zu tun. Manche Dialekte machen aus dem Apfel der Hochsprache einen Appel, vielfach verwendet zum Beispiel in der Redewendung „für'n Appel und 'n Ei". Da liegt die Vermutung nahe, dass auch das weit verbreitete veräppeln (= sich über jemanden lustig machen) diesem Wortstamm entspringt. Weit gefehlt. Das Wort leitet sich von dem jiddischen Ausdruck eppel ab, der „nichts" bedeutet. Jemanden zu veräppeln heißt demnach, ihn zu nichts, zunichte, machen zu wollen, indem man ihn der Lächerlichkeit preisgibt – gemäß dem französischen Sprichwort: Die Lächerlichkeit tötet sicherer als jede Waffe.

ARTen lassen sich nicht kreuzen.

Um wenige Begriffe wurde und wird in der Biologie so gerungen wie um den der Art. Schließlich versuchen wir, uns die ungeheuere Vielfalt des Lebens dadurch zugänglich zu machen, dass wir die Individuen verschiedenen Arten zuordnen, diese wieder zu Gattungen zusammenfassen, ähnliche Gattungen zu Familien, solche wieder zu Ordnungen und diese zu Klassen, Stämmen und Reichen. Ein Beispiel gefällig? Amsel heißt die Art, die zur Gattung der Drosseln gehört. Die Familie heißt Drosselvögel, die Ordnung Sperlingsvögel, die Klasse Vögel, der Stamm Wirbeltiere, das Reich Tiere. Alle diese Kategorien sind künstlich, ein Ausdruck eines wissenschaftlichen Systems. Natürlich ist einzig und allein die Art. Etwas salopper ausgedrückt: Jede Amsel erkennt eine andere Amsel als Artgenossen, nicht aber die Singdrossel als Gattungsgenossen.

Während Arten zunächst an ihren Körpermerkmalen beschrieben und voneinander unterschieden wurden, hat sich später immer mehr der so genannte „biologische Artbegriff" durchgesetzt. Demnach gehören einer Art alle Individuen an, die miteinander eine Fortpflanzungsgemeinschaft bilden, also fruchtbare Nachkommen erzeugen können.

Immer wieder aber wird von merkwürdigen Kreuzungen berichtet: Löwen können mit Tigern Nachkommen haben und Pferde mit Eseln, was jahrhundertelang bei der Zucht von Mauleseln (Mutter Esel, Vater Pferd) und Maultieren (Mutter Pferd, Vater Esel) praktiziert wurde. Unter den Vögeln sind vor allem die Enten berüchtigt dafür, sich über die Artgrenzen hinweg miteinander einzulassen und Bastarde zu produzieren, die den Ornithologen bei der Bestimmung dann graue Haare wachsen lassen. Sehr nah verwandte Arten lassen sich also durchaus kreuzen. Ihre Nachkommen sind aber steril und können sich nicht weiter fortpflanzen. Um Maultiere zu

züchten, wird man immer Pferde und Esel brauchen. Das gemischte Erbgut führt also in die Sackgasse.
So weit entspricht alles noch der Definition. Was aber, wenn sich Gartenrotschwanz und Hausrotschwanz im Käfig des Forschers paaren und Junge aufziehen, die wieder fruchtbar sind? Beide gehören ohne Zweifel nicht der gleichen Art an. Sie unterscheiden sich nicht nur sehr deutlich im Aussehen, sondern auch am Gesang, in ihren Lebensraumansprüchen, in der Nistplatzwahl, der Brutbiologie und im Zugverhalten. Alles das trägt dazu bei, dass solche „Fehltritte" in freier Wildbahn so gut wie nie passieren. Und wenn wir uns nun noch den alten Grundsatz „Natura non facit salta" oder „Die Natur macht keine Sprünge" ins Gedächtnis rufen, wird auch klar, warum es solche Fälle einer „unsauberen" Trennung geben muss. Artbildungsprozesse finden nicht schlagartig, sondern langsam und sukzessive statt. Irgendwann im Lauf der Aufspaltung einer Stammart in zwei Tochterarten greifen erste Unterschiede (wie zum Beispiel verschiedene Gesänge) und sorgen dafür, dass erste Fortpflanzungsbarrieren entstehen, ohne dass gemeinsame Nachkommen bereits grundsätzlich unmöglich wären.
Ein kurioses Beispiel für die Durchbrechung der gewöhnlichen Artgrenzen bieten unsere einheimischen Grünfrösche. Lange wurden drei Arten unterschieden, nämlich der Teichfrosch, der Kleine Wasserfrosch und der Seefrosch. Dann wurde entdeckt, dass ausgerechnet der häufigste dieser drei, der Teichfrosch, eine Mischung der beiden anderen ist. Teichfrösche sind aber nicht völlig fortpflanzungsunfähig, wie nach der Theorie des Artbegriffes zu fordern. Sie können sich zwar nicht untereinander, aber mit ihren beiden Stammarten kreuzen. Ist der Partner ein Seefrosch, gibt der Teichfrosch nur seine „Kleine-Wasserfrosch-Gene" weiter, ist es ein Kleiner Wasserfrosch, nur die „Seefrosch-Gene". In beiden Fällen ent-

stehen wieder Teichfrösche, selbst wenn sich die Stammarten Seefrosch und Kleiner Wasserfrosch nicht mehr direkt treffen.
Noch unübersichtlicher können die Verhältnisse bei Pflanzen sein. Gar nicht so untypisch ist zum Beispiel die Karriere einer unserer wichtigster Nahrungspflanzen, des Weizens. Vor etwa 10.000 Jahren entstand seine Urform, der Wildemmer, durch Kreuzung eines noch unbekannten Wildgrases mit dem Wildeinkorn. Durch Zuchtwahl wurde der Wildemmer zum Kulturemmer weiter entwickelt. Erst eine erneute Kreuzung zwischen zwei Gras-Arten, nämlich Kulturemmer und Ziegenweizen, führte dann zur Stammform des Saatweizens. Entsprechend seiner Herkunft als Verschmelzungsprodukt dreier verschiedener Arten hat er keinen doppelten (diploiden), sondern einen sechsfachen (hexaploiden) Chromosomensatz.
Schon diese wenigen Beispiele zeigen, dass der einfache und in den allermeisten Fällen sicher richtige Grundsatz „Arten lassen sich nicht fruchtbar kreuzen“ nicht auf sämtliche Einzelbeispiele anwendbar ist. Und sie machen verständlich, warum der scheinbar so einfache Artbegriff zu den meist umstrittenen und diskutierten Definitionen in der Biologie gehört.

AUGEn sitzen immer am Kopf.

„Hast Du keine Augen im Kopf?“ Dergleichen ungnädige Anwürfe können manche Tiere mit einem gleichmütigen „Nö“ quittieren. Unter den wirbellosen Tieren gibt es durchaus unkonventionelle Sichtweisen. Augen müssen eben nicht immer am Kopf sitzen. Wobei es sogar Tiere gibt, die lichtempfindlich sind, ohne überhaupt Augen zu haben. Ein plötzlich von der Sonne beschienener Regenwurm zum Beispiel zieht sich blitzartig in seine Erdröhre zurück. Sein Hautlichtsinn hat ihm verraten, dass unzu-

trägliche Umweltverhältnisse drohen. Damit etwas überhaupt Auge heißen darf, müssen die Lichtsinneszellen zu Organen zusammengefasst sein. Einfache Augen, zum Beispiel die mancher Strudelwürmer, bestehen nur aus einem mit einer lichtempfindlichen Netzhaut ausgekleideten Becher. Gut funktionierende Augen haben viele Sinneszellen, was die optische Auflösung steigert, und einen Linsenapparat, was für höhere Lichtstärken und bessere Fokussierung sorgt. Solche Linsenaugen gibt es bereits bei manchen Quallen, die zu den Hohltieren und damit zu sehr ursprünglich gebauten Vielzellern gehören. Auch bei Schnecken und Muscheln kommen Linsenaugen vor; zumindest bei letzteren ist offensichtlich, dass sie nicht am Kopf sitzen, denn wo hätten Muscheln einen solchen? Bei Kamm-Muscheln, deren Augen am höchsten entwickelt sind, liegen sie wie an einer Perlenschnur aufgereiht am Saum ihres fleischigen Mantels. Und wer je der Mördermuschel tief in ihre faszinierenden, in den bunten Körper eingebetteten Augen geschaut hat, vergisst sie bestimmt nicht mehr ...
Daneben gibt es natürlich allerlei „Augen“ ohne Wahrnehmung, Hühneraugen zum Beispiel. Oder die Augen der Kartoffel, aus denen im Frühjahr die neuen Sprosse treiben. Letztere „wissen“ übrigens auch ohne Augen, wo das Licht herkommt, auf das sie schnurstracks zuwachsen.

BÄUME bestehen vollständig aus lebendem Holz. Bäume wachsen an den Spitzen der Triebe. Dadurch werden sie immer größer und voluminöser. Damit steigen auch die Ansprüche an ihre Standfestigkeit. Damit die Statik stimmt, dürfen Bäume also nicht nur in die Höhe schießen, sondern müssen auch um die Taille etwas zulegen und dicker werden. Das funktioniert gewöhnlich so: Unter der Rinde der Bäume liegt eine wenige Zellen dicke Schicht embryonalen Gewebes, das Cambium, das den Baum wie ein Zylinder umhüllt und während der Wachstumsphase (in unserem Klima also zwischen Frühjahr und Spätsommer) nach innen und nach außen neue Zellschichten produziert. Diese übernehmen ganz verschiedene Aufgaben und sind deshalb auch unterschiedlich gebaut. Nach innen entsteht Holz, das zweierlei Funktionen hat.

Erstens: Lange, längsorientierte Gefäße (Tracheen und Tracheiden genannt) sorgen für den Wassertransport von den Wurzeln bis in die äußersten Zweige. Eine hundertjährige, 25 Meter hohe Buche verdunstet an einem Sommertag immerhin vierhundert Liter Wasser, das über viele Meter nach oben geschafft werden muss. Das setzt einen sehr effektiven Transportmechanismus voraus. Wassertransport durch lebende Zellen ist zwar möglich, aber wesentlich aufwändiger und langsamer als der durch tote Röhren. Die Wasserleitungen der Bäume mit ihren oft spiralverstärkten Seitenwänden und durchbrochenen oder fehlenden Querwänden werden deshalb zunächst natürlich durch lebende Zellen aufgebaut, übernehmen ihre eigentliche Aufgabe aber erst nach deren Absterben. Jedes Jahr werden neue Leitungen gebildet und alte außer Betrieb genommen. Daraus folgt: Nur die äußere Holzschicht, das so genannte Splintholz, leitet Wasser.

Zweitens: Der Holzkörper sorgt auch für Stabilität. Dazu werden Zellen mit verdickten Wänden gebildet, die meist noch mit Lignin (Holzstoff) verstärkt werden. Auch deren lebende Zellkörper sind, haben sie diese Aufbauarbeit einmal erledigt, eigentlich überflüssig. Sie sterben ab, die stabilen, toten Wände bleiben stehen.

Also: Der weitaus größte Teil des Holzkörpers besteht aus toten Zell(wänd)en. Damit sich im Inneren, wo die Wasserleitungen alt und ausgemustert sind, keine Fäulnis erregenden Krankheitserreger einnisten können und um die Stabilität weiter zu steigern, lagern viele Baum-Arten dort zusätzlich imprägnierende Stoffe ein. Im Querschnitt einer Eiche ist dieses dunkel gefärbte Kernholz sehr deutlich zu erkennen.

Aber das Cambium zeigt auch Aktivität nach außen. Hier entstehen ebenfalls Leitungen, aber nicht für Wasser, sondern für Zuckersaft. In den Blättern durch Fotosynthese hergestellt – also im Wesentlichen von oben nach unten fließend – muss dieses Grundnahrungsmittel aller Zellen im ganzen Baum verteilt werden. Auch die Saftleitungen nehmen ihre Aufgabe nur eine begrenzte Zeit wahr. Immer weiter nach außen gedrängt, werden sie schließlich durch neue ersetzt, sterben ab und werden nun zu einem Bestandteil der schützenden Borke.

Fazit dieser langen und etwas komplizierten, gleichwohl – Forstbotaniker mögen mir verzeihen – vereinfachten Darstellung: Der Stamm eines Baumes besteht nur aus einer dünnen lebenden Hülle und viel totem Gewebe.

BEUTELtiere gibt es nur in Australien.

Zwar werden Känguru und Australien immer in einem Atemzug genannt, aber eigentlich sind die Beuteltiere gar keine eingeborenen Australier. Die frühesten Fossilfunde, etwa 75 Millionen Jahre alt, stammen aus Nordamerika. Australien erreichten die Beuteltiere wohl zu Fuß, zu einer Zeit, als Südamerika, die damals nicht vereiste Antarktis und Australien noch miteinander verbunden waren. Auch aus allen anderen Kontinenten sind Beuteltiere als versteinerte Überreste bekannt.

Und wie sieht es mit der heutigen Verbreitung aus? Im amerikanischen Stammland sind heute noch etwa 84 Arten von Beutelratten (Opossums, Opossummäuse und Colocolos) unterwegs – ein schwacher Abglanz einer vergangenen Vielfalt, deren Niedergang in Südamerika erst wenige Millionen Jahre zurückliegt. Damals entstand die mittelamerikanische Landbrücke. Südamerika, vorher ein Insel-Kontinent, wurde dadurch mit Nordamerika verbunden. In der Folgezeit wanderten nordamerikanische Säugetiere in Südamerika ein und verdrängten die ursprüngliche Beuteltierfauna. Dieses Schicksal blieb den Beuteltieren Australiens erspart. Die Beuteltierfauna Australiens ist deshalb bis heute mit etwa zweihundert Arten ungleich artenreicher und vor allem wesentlich reichhaltiger. Vom Wombat bis zum Numbat, von den Kängurus bis zum Koala, vom Beutelmull bis zum Beutelteufel reicht die Palette. Auch Tasmanien, die große Insel südlich des australischen Kontinents, die lange mit dem Festland verbunden war, ist noch Beuteltierland. Tasmanien war zum Beispiel die Heimat des berühmten Beutelwolfs, des glorreich ausgerotteten „Tasmanischen Tigers" (siehe Seite 131). Im Norden reicht die Verbreitung der Beuteltiere über Neuguinea bis Sulawesi.

Alle Säugetiere Australiens sind BEUTELtiere.

Australien gilt, nicht zu Unrecht, als die Arche Noah der Beuteltiere. Andernorts geben die Placentatiere den Ton an, weiter entwickelte Säugetierformen mit einer sehr viel leistungsfähigeren Methode, die Embryonen im Mutterleib zu ernähren. Während Beuteltiere auf anderen Kontinenten der Konkurrenz durch die Placentatiere weitgehend oder gar vollständig erlagen, hat Australien samt Neuguinea und einigen weiteren Inseln des indomalaischen Archipels rechtzeitig den Kontakt zur übrigen Welt verloren. Bevor die Placentatiere auch noch den australischen Kontinent kolonisieren konnten, hatte er abgelegt. Die Kontinentaldrift rettete den australischen Beutlern das Leben.

Mit auf der Arche befand sich aber eine zweite, noch urtümlichere Säugetiergruppe: die der Eier legenden Säugetiere oder Kloakentiere. „Kloake" nennt man die gemeinsame Öffnung für Ausscheidungen und Fortpflanzungsprodukte, die bei allen Wirbeltieren üblich ist, bei den Säugern aber abgeschafft wurde. Letztere haben gewöhnlich zwei Öffnungen am Körperende. Lediglich Schnabeltiere und Schnabeligel

(und – der Vollständigkeit halber sei es erwähnt – die ebenfalls sehr ursprünglichen Tanreks aus Madagaskar) behielten dieses Merkmal ihrer Vorfahren bei, neben dem Eierlegen eine weitere kleine Erinnerung an die Reptilienabstammung der Säugetiere.

Zwei Gruppen von Placentatieren haben es allerdings trotz allem geschafft, den fünften Kontinent zu erobern: die Fledermäuse und die Mäuse. Bei Ersteren wundert es nicht allzu sehr. Schließlich haben sie Flügel und man kann sich schon vorstellen, dass sie sich Australien über die südostasiatischen Inselketten allmählich genähert haben. Die Mäuse dagegen mussten sämtliche Meeresstraßen per „Floß" überqueren, auf treibenden Stämmen oder anderen Pflanzenresten. Kaum vorstellbar, wie das im Einzelnen abgelaufen ist – und doch beweist die Existenz australischer Mäuse, dass die Geschichte sich so oder so ähnlich abgespielt haben muss. Im

B

Gegensatz zu den Fledermäusen ist es ihnen allerdings nicht geglückt, auch noch das 1.500 Kilometer entfernte Neuseeland zu kolonisieren. So blieben diese beiden Inseln die einzigen mäusefreien Bezirke der Alten Welt. Sie sind es heute natürlich nicht mehr. Ebenso wie die ganze Neue Welt wurde auch Neuseeland im Gefolge des Menschen Mäuseland.

Dass es unter den Placentatieren gerade den Fledermäusen und den Mäusen gelungen ist, erstaunt wenig, repräsentieren sie doch die beiden erfolgreichsten Säugergruppen überhaupt. Fledertiere stellen etwa tausend Arten und damit ein knappes Viertel aller bekannten Säugetiere, Nagetiere sogar vierzig Prozent. Das Erfolgsmodell der Nagetiere, die Familie der Echten Mäuse, umfasst allein 480 Arten, zu denen auch alle Australier gehören. Unter den Fledertieren ist gleich mehreren Familien die Immigration gelungen. Die spektakulärste australische Art ist die riesige Gespenstfledermaus *Macroderma gigas*, die sich überwiegend von Mäusen ernährt. Unter der sehr vielfältigen Mäusewelt Australiens seien wenigstens die ans Wasserleben angepassten Schwimmratten erwähnt.

Außerdem, fast hätten wir's vergessen, hat noch ein weiteres Placentatier vor einigen zehntausend Jahren Australien aus eigener Kraft erreicht: *Homo sapiens*, der Mensch, in Afrika entstanden und inzwischen weltweit verbreitet. Seinen treuesten Begleiter, den Hund, hat er irgendwann ebenfalls mitgebracht, wenn auch nicht gleich zu Beginn, denn Haushunde gibt es wohl erst seit etwa 15.000 Jahren. Diese sorgten später für ein Problem, dass lange diskutiert wurde. Sind die Dingos Australiens echte Wildhunde oder seit Jahrtausenden verwilderte Haushunde? Inzwischen gilt die Frage als geklärt: Dingos sind keine eingeborenen Australier.

Im Gefolge des Menschen erreichten zahlreiche weitere, nicht selten absichtlich ausgesetzte Tierarten den vorher so isolierten Inselkontinent – mit zum Teil verheerenden Folgen für die heimische Fauna. Was vorher durch die Kontinentaldrift verhindert worden war – die direkte Konkurrenz zwischen Beutlern und Placentatieren, in der letztere wie erwähnt meist die Nase vorn hatten – wurde nun nachgeholt. Vermutlich begann das bereits mit dem Dingo, der den Beutelwolf vom australischen Kontinent verdrängte. In seinem Refugium Tasmanien überdauerte er, bis die Menschen ihn vollends ausrotteten. Zahlreiche andere Beuteltier-Arten, aber auch die einheimischen Mäuse Australiens, sehen einer ähnlich düsteren Zukunft entgegen.

BLÄSShühner sind Hühnerverwandte.

Dass populäre Tiernamen nicht immer die systematische Zugehörigkeit zu einer bestimmten Tiergruppe widerspiegeln, zeigt das Beispiel der Hühner. Den richtigen Hühnern wie Auer-, Birk- oder Rebhuhn stehen allerlei falsche gegenüber: Blässhühner, Teichhühner, Flughühner, Odinshühnchen oder Laufhühnchen kommen aus ganz verschiedenen Ecken des Vogelreichs, sind nicht näher miteinander verwandt und gleichen sich auch vom Körperbau und Verhalten kaum.

Die Sprachbereiniger unter den Vogelkundlern versuchen deshalb seit langem, das Blässhuhn auszurotten und durch die Blässralle zu ersetzen, damit die Familienzugehörigkeit des rundlichen schwarzen Schwimmvogels mit dem weißen Schnabel und Stirnschild gleich am Namen abzulesen sei. Und, den Purismus noch etwas weiter treibend, solle man doch lieber gleich Blessralle statt Blässralle schreiben. Schließlich heiße der Vogel nicht so, weil er farblos und blass einherschwimme, sondern weil er eine weiße Stirnmarkierung habe, eine Blesse eben.

BLÜTEn werden nur von Insekten bestäubt. In der Tat spielen Insekten eine enorme Rolle bei der Bestäubung von Pflanzen, ja, die Evolution der Blütenpflanzen ist ohne Insekten schlichtweg undenkbar. In einer beispiellosen Koevolution haben die artenreichste Pflanzen- und die artenreichste Tiergruppe ihr Schicksal auf Gedeih und Verderb miteinander verbunden, ihre Baupläne und Lebensläufe aufeinander abgestimmt. Trotzdem haben Insekten nicht das Bestäubungsmonopol. Wäre dem so, könnten unzählige Allergiker aufatmen – im wahren Sinne des Wortes. Denn ihren alljährlichen Heuschnupfen verdanken sie den Pflanzenarten, die ihren Pollen nicht von Insekten von Blüte zu Blüte transportieren lassen, sondern ihn einem wesentlich unzuverlässigeren und unberechenbareren Partner anvertrauen: dem Wind. Weil der Wind weht, wo er will, müssen diese Pflanzen eine unglaubliche Menge von Blütenstaub produzieren, damit die Bestäubung gewährleistet wird. Vieles verpufft nutzlos, färbt Pfützen gelb und überzieht, zum Kummer des Besitzers, das frisch gewaschene Auto mit einem gelben Schleier. Wer dagegen einen Boten anstellt, sei es Biene oder Fliege, Vogel oder Fledermaus, braucht wesentlich weniger in die Produktion von Blütenstaub zu investieren. Dafür müssen die Blüten attraktiver sein, mit Formen, Farben oder Düften locken. Außerdem muss Botenlohn hergestellt werden, Blütenstaub oder süßer Nektar etwa, denn die Pollenträger arbeiten nicht kostenlos. Windblütler haben dagegen sehr unauffällige Blüten oder Blütenstände. Die Narben, die den schwebenden Pollen aus der Luft fangen müssen, sind groß und stehen an exponierten Stellen. Viele unserer Laubbäume blühen deshalb, bevor die Blätter austreiben. Das erleichtert die erfolgreiche Bestäubung von Eiche, Erle, Ulme, Esche oder Hasel natürlich sehr. Zu den windblütigen Arten zählen auch unsere Nadelbäume. Wenn zur Tannen- oder Fichtenblüte der Wind in die Wipfel fährt, ist die Luft erfüllt von gelben Blütenstaub-Schwaden – ein Anblick, der den armen vom Heuschnupfen Geplagten die Tränen in die Augen treibt.

BLÜTEn werden durch Bienen befruchtet. Hier werden in der Umgangssprache zwei gänzlich unterschiedliche, wenn auch in einem logischen Zusammenhang stehende Begriffe durcheinander gebracht: Bestäubung und Befruchtung. Dabei ist nur die Bestäubung Bienenwerk, der Transport von Blütenstaub (Pollen) von den Staubblättern der einen Blüte zur Narbe einer anderen also. Hier keimt das Pollenkorn mit einem Schlauch, der ins Innere der Blüte in Richtung Samenanlagen wächst und dort zwei Spermazellen entlässt. Die Befruchtung findet erst in dem Augenblick statt, in dem Spermazelle und Eizelle miteinander verschmelzen. Das kann bereits kurze Zeit nach der Bestäubung sein – Pollenschläuche wachsen bis zu drei Millimeter in der Stunde. Bei manchen Pflanzen, zum Beispiel bei den Orchideen, vergeht aber viel mehr Zeit zwischen dem Bienenbesuch (der Bestäubung) und der Befruchtung.

Zu erwähnen bleibt, dass auch der zweite Teil der Überschrift äußerst fragwürdig ist. Zwar sind Bienen überaus wichtige Bestäuber, aber beileibe nicht die einzigen, mit denen Pflanzen kooperieren. Andere Insekten wie Käfer, Fliegen und Schmetterlinge spielen ebenfalls eine bedeutende Rolle, in den Tropen vermehrt auch Wirbeltiere wie Fledermäuse oder Vögel. Und manche Pflanzen verlassen sich gar nicht auf tierische Partner, sondern auf den Wind.

B

Alle **BLÜTE**n öffnen sich tagsüber und schließen sich über Nacht.

Vielleicht sind es die vielen Kinderlieder und -bücher, die uns das Klischee von den Blümchen, die allabendlich schlafen gehen, in die Wiege gelegt haben. Gänseblümchen tun es tatsächlich, aber Narzissen oder Rosen schließen sich genauso wenig wie Glockenblumen oder Königskerzen. Viele Pflanzen reagieren kaum oder gar nicht, wenn die Dämmerung hereinbricht. Ihre Blüten stehen offen, bis sie verwelken, was nach Stunden, Tagen oder Wochen geschehen kann.
Zu den Kurzblühern gehört die Wegwarte. Ihre Blüten öffnen sich im Lauf des Vormittags und sind abends schon verwelkt. Kurzblüher sind aber auch die Königin und die Prinzessin der Nacht, zwei Kaktus-Arten, die erst in den späten Abendstunden prächtig erblühen und sich gegen Mitternacht bereits endgültig schließen. Das erinnert uns daran, dass Blüten nicht nur Augenweide für uns Menschen sind, sondern in erster Linie Mittel zum Zweck. Und der heißt: Anlocken von Bestäubern. Arbeiten die Pflanzen mit bestäubenden Nachtfaltern und Fledermäusen zusammen, müssen die Blüten nachts geöffnet sein.
Was aber bleibt dem, der nicht von seinen Kinderträumen lassen will? Die Tulpe zum Beispiel. Ihr morgendliches Aufblühen lässt sich ebenso wie das abendliche Zu-Bett-gehen im Blumenbeet und selbst noch in der Vase beobachten. Abend für Abend schließen sich die Blüten, jeden Morgen gehen sie auf. Ermöglicht wird das durch gezieltes Wachstum. Findet es an der Außenseite der Blütenblätter statt, krümmt sich das Blütenblatt nach innen, die Blüte schließt sich. Wächst das Blütenblatt innen verstärkt, öffnet sich die Blüte. Eine einzige solche Bewegung verlängert das Blütenblatt der Tulpe um sieben Prozent. Kurz vor dem Verwelken sind die Tulpenblüten deshalb über doppelt so groß wie unmittelbar nach dem Aufblühen.

Gesteuert wird diese Bewegung aber nicht vom Licht, sondern von der Temperatur. Dabei reagiert die Blüte bereits auf Temperaturunterschiede von einem Grad. Je schneller sich die Temperatur ändert, desto stärker ist die Bewegung. Weil der tägliche Temperaturgang normalerweise eng an die Tageszeit gekoppelt ist, führt das zum morgendlichen Aufgehen und abendlichen Schließen. An besonders kalten Tagen aber bleiben die Tulpen zu: Ein klares Zeichen dafür, dass tatsächlich die Wärme und nicht das Licht der entscheidende Auslöser ist. Anders bei Seerosen, Kakteen, Sauerklee oder Löwenzahn. Bei ihnen wirkt tatsächlich das Licht selbst als Blütenöffner. Bei manchen Arten genügt bereits ein Wolkenschatten, damit sie ihre Blüten schließen.

Der Riesensaurier BRACHIOsaurus stand ständig im Wasser.

Schlagen Sie ein nicht mehr ganz taufrisches Saurierbuch auf und Sie werden ihm begegnen: *Brachiosaurus*, einem der Riesen unter den Dinosauriern, bis zum Hals im Wasser stehend und immer wieder abtauchend, um Wasserpflanzen abzuweiden. Dass der elf Meter hoch aufragende und wohl zwischen zwanzig und dreißig Tonnen schwere Gigant stark genug war, sein eigenes Gewicht zu tragen, wollten ihm die Wissenschaftler lange nicht zubilligen. Sie glaubten, dass er, ähnlich wie die heutigen Wale, auf den helfenden Auftrieb des Wassers angewiesen sei. Wer allerdings im Museum die massiven Stampfer eines *Brachiosaurus'* neben dem dagegen fast zierlich wirkenden Skelett eines Großwals sieht, kann sich dem kaum anschließen. Und so führten neue Berechnungen zur Statik der großen Saurier denn auch zu dem Ergebnis, dass *Brachiosaurus* auf Land lebte. Zudem machten Versuche und Vergleiche wahrscheinlich, dass die

Sache mit dem Schnorchelhals aus physikalischen Gründen nicht funktionieren konnte. Der hohe Wasserdruck in mehreren Metern Tiefe presst den Brustraum so zusammen, dass ein Einatmen unmöglich wird. Auch weitere Argumente für das halb-aquatische Leben wurden entkräftet. Die recht kleinen Zähne zum Beispiel, die nur zum Abweiden schlabberiger Sumpfgewächse taugen sollten, sind scharf genug, um Triebe von Bäumen zu reißen. Der lange Hals diente also nicht als Schnorchel, sondern dazu, Bäume nicht nur von unten beweiden zu können und damit das Nahrungsreservoir erheblich zu steigern. Eine gute Erklärung, warum die Nasenöffnungen oben auf dem Kopf liegen, wie wir das von zahlreichen wasserlebenden Säugetieren kennen, fehlt aber noch.

BRENNnesseln brennen nicht in den Monaten mit „r“. Wer immer diesen Glauben in die Welt gesetzt hat – ein Gärtner kann es nicht gewesen sein. Denn bereits die im Frühjahr (also im März und April, beides Monate mit „r“) aus den unterirdischen Rhizomen treibenden jungen Brennnesseln jätet man tunlichst mit Handschuhen. Und dasselbe gilt für die herbstlichen „r“-Monate ab September. Brennnesseln brennen, solange sie grünen. Nur durch Welken, Garen oder Trocknen lassen sie sich entschärfen. Im Frühjahr sind Brennnesseln sogar, als Salat genossen oder wie Spinat gekocht, eine Bereicherung für die Küche. Nesseltee, Nesselsaft und Nesselbäder ersetzen eine halbe Hausapotheke. Alte Kräuterbücher loben die Nessel deshalb über den grünen Klee.

Die Brennhaare der Nessel gleichen einer kleinen Ampulle. Knapp unterhalb der Spitze ist ihre verkieselte Zellwand besonders dünn, so dass sie bei Berührung leicht abbricht. So entsteht eine nadelspitze Injektionskanüle, die sich in die Haut bohrt und dort ihren Zellsaft entleert. Er enthält unter anderem Ameisensäure, Acetylcholin und Histamin und wirkt schon in äußerst geringer Dosierung. Bereits ein Zehntausendstel Milligramm ist spürbar. Wer sich dem nicht aussetzen will, vermeide den Kontakt mit zarten Hautpartien. Wo unsere Haut kräftiger ist, können die Brennhaare dagegen nicht durchdringen. Wer die Nessel nur zwischen den Fingerkuppen von Daumen und Zeigefinger hält, kommt deshalb ungebrannt davon.

Charles **DARWIN** wurde auf den Galapagosinseln zum Evolutionsbiologen.

Wissenschaftsgeschichte ist oft nicht weniger spannend als die Wissenschaft selber. Auch sie ist reich an Mythen und Irrtümern bis hin zu absichtlich begangenen Fälschungen, die ins Wanken geratene Theorien und lieb gewordene Weltbilder vor dem Absturz retten sollen. Eines der beliebtesten Wissenschaftsmärchen betrifft Darwin und seine nach ihm benannten Finken auf den Galapagosinseln.

Charles Darwin wurde 1809 geboren und entschied sich nach einer abgebrochenen Medizinerausbildung für die Theologie. Das war für passionierte Naturforscher – und ein solcher war Darwin – damals kein so merkwürdiger Entschluss. Finanziell gesichert und nicht übermäßig durch Pflichten eingeschränkt, ließ sich in der Muße einer Landpfarrei ein durchaus angenehmes Leben als Forscher führen. Dazu kam es allerdings nie. Darwin nutzte die Gelegenheit, als Forscher und Begleiter des Kapitäns an Bord des Vermessungsschiffes „Beagle“ auf Weltreise zu gehen. 1831 startete er, fünf Jahre später kehrte er zurück, um fortan nie wieder englischen Boden zu verlassen. Landpfarrer wurde er allerdings nicht. Das väterliche Erbe sicherte ihm seinen Unterhalt als Privatgelehrter. Jahrzehntelang arbeitete er (mit allerlei Umwegen, die aber immer wieder ins Eigentliche mündeten) an seinem ehrgeizigen Projekt: zu erklären, dass sich Arten im Lauf der Zeit verändern, und wie sie das tun. Zahlreiche Skrupel bewogen ihn, unglaubliche Mengen von Belegen für seine Vorstellungen zusammenzutragen – schließlich wurde dadurch ein sich vor allem um den Menschen und dessen besondere Beziehungen zu Gott drehendes Weltbild in Frage gestellt, mit unabsehbaren Folgen für die Gesellschaft und nicht ohne persönliches Risiko für Darwin. Fast zu lange tauschte er sich deshalb nur mit wenigen Freunden darüber aus. Erst nachdem ihm ein Manuskript von Alfred Wallace, der teilweise auf dieselben Schlussfolgerungen gekommen war, Beine machte, publizierte er im Jahr 1859 die „Bibel“ des Darwinismus: „On the origin of species“ [Die Entstehung der Arten].

Wann, wo und wie aber wurde Darwin erleuchtet? Die fromme Legende will, dass es ihm auf den Galapagosinseln wie Schuppen von den Augen fiel. Auf dieser sehr isoliert liegenden Inselgruppe gibt es dreizehn Finken-Arten, die untereinander sehr ähnlich sind, sich aber deutlich in Schnabelbau und Ernährungsweise unterscheiden. Darüber schrieb Darwin lange später: „Wenn man diese Abstufung und Verschiedenartigkeit der Struktur in einer kleinen, nahe untereinander verwandten Gruppe von Vögeln sieht, so kann man sich wirklich vorstellen, dass infolge einer ursprünglichen Armut an Vögeln auf diesem Archipel die eine Spezies hergenommen und zu verschiedenen Zwecken modifiziert worden sei.“ Damit skizziert er die Entstehung zahlreicher unterschiedlich aussehender

Formen aus einer Stammart. Das aber waren spätere Erkenntnisse. Solange er an Bord der Beagle war, das belegen andere Notizen und Äußerungen, hielt er am Konzept der Unveränderlichkeit der Arten fest. Als besonders fatal erwies sich, dass der ansonsten sehr gewissenhafte Naturforscher versäumt hatte, seine auf Galapagos gesammelten Exemplare sauber zu etikettieren und einem genauen Fundort zuzuordnen. Welche Art auf welcher Insel vorkommt, ist aber von entscheidender Bedeutung für die Rekonstruktion ihrer Geschichte. Auch übersah er die äußerst nahe Verwandtschaft der Finken. Erst zuhause in London klärte ihn der Ornithologe John Gould, der Darwins Vogelausbeute bearbeitete, darüber auf. Mit Hilfe einiger von anderen Mitgliedern der Beagle-Besatzung gesammelter Stücke gelang auch eine bessere geografische Zuordnung zu einzelnen Inseln. Damit erhielt Darwins Theoriegebäude ein weiteres Puzzlestück, das Darwin selbst aber keineswegs besonders in den Mittelpunkt seiner Argumentation rückte. In den „Origin of species ..." werden die Finken nicht einmal erwähnt. Zum Schulbeispiel wurden sie erst im 20. Jahrhundert durch die Forschungen des britischen Ornithologen David Lack.

Die Demontage dieser Wissenschaftslegende bedeutet übrigens keinesfalls eine Demontage Darwins. Dass er nicht wie vom Donnerschlag erleuchtet wurde, sondern seine wissenschaftlichen Erkenntnisse im langwierigen und manchmal zähen Erkenntnisprozess gewann und untermauerte, schmälert seine Verdienste keineswegs.

D

Charles DARWIN war der erste Evolutionsbiologe.

Mitnichten. Die Idee der Evolution lag schon seit Jahrzehnten gewissermaßen in der Luft. Zu Charles Darwins (1809–1882) Vor-Denkern gehören zum Beispiel sein eigener Großvater Erasmus Darwin (1731–1802) oder der französische Naturforscher Jean Baptiste Lamarck (1744–1829), von dessen vielbändigem Werk im heutigen Biologieunterricht, nicht ohne Häme, nur noch der Passus zitiert wird, der die Vererbung erworbener Eigenschaften erläutert – was dann sofort als „Lamarckismus“ angeprangert und auf den Müllhaufen der Geschichte geworfen wird. Dabei war Darwin selbst nicht frei von Lamarckismus (in diesem Sinne) und schrieb manches, was den Darwinisten heutzutage die Haare sträubt.

Was aber war dann Darwins Verdienst, wenn nicht die „Erfindung“ der Evolution? Sein Verdienst war, dass er mit seinen Theorien erklärte, wie Evolution funktionierte. Erst die Entwicklung einer Theorie macht Wissenschaft objektiv überprüfbar und entrückt sie damit dem Spekulativen. Ein Kernstück von Darwins Vorstellungen zur Veränderung der Arten ist seine Selektionstheorie: Dass jede Generation ein Übermaß an Nachkommen produziert. Dass die Ressourcen (zum Beispiel Nahrung und Raum) begrenzt sind, so dass nicht alle überleben können. Dass nicht alle Nachkommen gleich „gut“ sind. Dass sich unter den Nachkommen nur die am besten Angepassten durchsetzen und fortpflanzen können (Darwin nannte das „survival of the fittest“). Und dass sich auf diese Weise Arten ganz allmählich verändern können. Seine durch zahlreiche Beispiele und viele Experimente gestützten Evolutionstheorien veröffentlichte er im Jahr 1859 („On the origin of species“, Die Entstehung der Arten; siehe Seite 27) und untermauerte sie später immer weiter.

Kleine Ironie der Geschichte: Darwins Lebenswerk sorgte tatsächlich dafür, dass die Tatsche der Evolution weithin Anerkennung fand. Die Gegenwehr brach relativ schnell zusammen. Schließlich ist, um Victor Hugo zu zitieren, „nichts auf der Welt so mächtig wie eine Idee, deren Zeit gekommen ist." Darwins Selektionstheorie lehnten dagegen die meisten Zeitgenossen ab. Während der Durchbruch des Evolutionsgedankens selbst also tatsächlich „nur" noch des Anstoßes von Darwin und seinen Mitstreitern bedurfte, war der große Naturforscher mit seinen Ideen zum Mechanismus des Evolutionsgeschehens seiner Zeit um Jahrzehnte voraus.

DINOsaurier starben wegen der Eiszeit aus.

Vielleicht ist „Urmel aus dem Eis" für diesen Irrtum (mit) verantwortlich, dessen Mama unter Schneeflocken begraben das Zeitliche segnete, während ihr Sprössling im Ei tiefgekühlt bis in die Neuzeit überlebt. Nur ein Kinderbuch? Sicher, doch prägen solche nicht manche Vorstellungen bis ins hohe Alter? Sei's drum. Die Geschichte, die von unserer ewigen Sehnsucht zeugt, wenigstens einmal einer der Riesenechsen des Erdmittelalters lebendig zu begegnen, ist zu schön, um wahr zu sein. Die Zeit der Dinosaurier endete mit dem Erdmittelalter oder Mesozoikum vor etwa 65 Millionen Jahren. Vermutlich war es ein Meteorit, der die Lebensbedingungen auf der Erde kurzfristig umkrempelte und damit ein

Massenaussterben auslöste. Das Eiszeitalter dagegen begann erst vor etwa zwei Millionen Jahren, als die Dinosaurier schon längst in die Sagenwelt der Drachen entrückt waren. Die Eisvorstöße hätten die Saurier übrigens vermutlich kalt gelassen – in globalem Maßstab betrachtet jedenfalls. Denn der Eispanzer überzog ja keineswegs die ganze Erde. Wenn es auch Belege dafür gibt, dass die drastischen Klimaumschwünge Auswirkungen bis in die Tropen hatten, haben dort doch zahlreiche Wärme liebende Pflanzen- und Tierarten überlebt. Allen der weltweit verbreiteten Sauriern hätte die Eiszeit deshalb vermutlich nicht den Garaus machen können.

Alle **DINO**saurier waren riesig.

Dino-Saurier heißt nichts anderes als Schreckens-Echse (griechisch deinos = schrecklich und sauros = Echse). Die schiere Größe war es, die der dominierenden Reptiliengruppe des Erdmittelalters im Jahr 1841 diesen Namen einbrachte. Der erste gut bekannte Dinosaurier war nämlich *Iguanodon*, ein harmloser Pflanzenfresser. Allerdings lagen damals auch schon Zähne und Skelettreste des großen Fleisch fressenden Dinosauriers *Megalosaurus* vor und damit eine Ahnung vom wahren Schrecken des Erdmittelalters, der sich heute vor allem mit dem Namen *Tyrannosaurus rex* verbindet. Allerdings wird nach wie vor diskutiert, ob *T. rex* wirklich so aktiv auftrat wie in „Jurassic Park" oder eher ein opportunistischer Aasfresser war, der sich allenfalls an Schwachen und Kranken vergriff.

Wie dem auch sei: Die Riesen mögen besonders faszinieren, aber beileibe nicht alle Dinosaurier waren riesig. Am anderen Ende der Größenskala finden sich Arten wie der patagonische *Mussaurus* (ins Deutsche übersetzt: die Mausechse), der diesem Namen zwar wohl nur als Jungtier Ehre machte, aber auch erwachsen vermutlich nicht größer wurde als ein kleiner Hund. Nicht vom anderen Ende der Welt, sondern aus deutschen Landen stammen zwei gut hühnergroße, zweibeinig laufende Raubdinosaurier, *Procompsognathus* und *Compsognathus*. Ihre Größe, mehr aber noch zahlreiche Skelettmerkmale lassen diese kleinen Dinos als Verwandte des Urvogels *Archaeopteryx* erscheinen und stützen die Theorie, dass die Dinosaurier in Wirklichkeit nicht ausgestorben sind, sondern bis heute existieren: als Vögel. (Mehr dazu finden Sie im ersten Band populärer Irrtümer.)

Der Kanarische DRACHENbaum wird mehr als 1.000 Jahre alt.

Diese Sage wird vor allem auf Teneriffa gepflegt, wo ein besonders mächtiges Exemplar des Drachenbaums in der Ortschaft Icod steht. Er gilt als ältester aller kanarischer Drachenbäume und soll über tausend Jahre alt sein. Bei einem gewöhnlichen Baum lassen sich solch kühne Behauptungen durch eine Kernbohrung überprüfen. Dabei wird dem Baum ein hohler Bohrer bis ins Zentrum getrieben. Am Bohrkern lassen sich die Jahresringe dann einfach abzählen. Bei Drachenbäumen geht das nicht. Ihr Dickenwachstum verläuft sehr unkonventionell und erzeugt keine regelmäßigen Jahresringe. Man muss sich deshalb anders behelfen: Junge Pflanzen sind unverzweigt. Ihre geraden, grauen Stämme krönt ein grüner Schopf schwertförmiger Blätter. Wenn sie etwa zehn Jahre alt sind, blühen sie erstmals. Dann verzweigen sie sich gabelig. Später kommt es etwa alle fünfzehn Jahre zur Blüte und anschließenden Gabelung. Auf diese Weise lassen sich aus der Zahl der Gabelungen Rückschlüsse auf das ungefähre Alter ziehen. Danach ist der „tausendjährige" Drachenbaum von Icod etwa vierhundert Jahre alt.

DRAHTwürmer sind Würmer.

Wer keinen Garten hat, wird sich unter einem Drahtwurm nicht viel vorstellen können. Gartenbesitzer schon. Drahtwürmer gehören zu den allzu vielen, bei denen auch einem ökologisch denkenden Menschen gelegentlich ein herzhaftes „Verdammte Schädlinge!“ herausrutschen kann. Wenn der frisch gepflanzte Jungsalat oberirdisch noch einwandfrei aussieht, trotzdem aber sichtbar schwächelt, sollte man einen Blick auf das Wurzelwerk werfen. Dort wird man ihn finden, den Missetäter: zwei bis drei Zentimeter lang, glänzend hellbraun, durch eine sehr harte Oberfläche vor feindlichen Übergriffen wohl geschützt – daher der Name Drahtwurm. Er durchbeißt Wurzeln, bohrt sich in die Pflanzenbasis, in Blumenzwiebeln, Knollen oder Rhizome, was die betroffenen Pflanzen nicht selten das Leben kostet. Betrachten wir ihn genauer, wird schnell klar, dass auch dieser „Wurm“, wie der im Apfel, kein Wurm, sondern eine Insektenlarve ist. Das verraten der harte Chitinpanzer, der deutlich erkennbare Kopf und die sechs kurzen Beinchen. Manche Drahtwürmer wandeln sich bereits nach einem Jahr zur Puppe um, aus dem später das erwachsene Insekt schlüpft, andere Arten brauchen länger, im Extremfall fünf oder gar sechs Jahre. So oder so, heraus kommt ein Schnellkäfer, von denen es in Mitteleuropa allein etwa 170 Arten gibt. Alle sind schlank, lang gestreckt und tragen lange Fühler. Ihren offiziellen Namen wie auch die volkstümlichen Bezeichnungen „Schnapper“ oder „Knipser“ verdanken die Schnellkäfer nicht hohen Geschwindigkeiten, sondern ihrer besonderen Fähigkeit, sich aus der für Käfer fatalen Rückenlage mit einem deutlich hörbaren Klicken hochzuschnellen.

Die Beeren der EBEResche sind giftig.

Die orangeroten, in großen Scheindolden stehenden Beeren der Ebereschen werden volkstümlich meist als Vogelbeeren bezeichnet und gelten zwar als gutes Vogelfutter, das aber für Menschen ungenießbar oder gar giftig sei. Ohne Zweifel: Vögel mögen die Beeren, und zwar so sehr, dass unsere Altvorderen diese bevorzugt als Köder benutzten, wenn sie Vögel fangen wollten (was früher sowohl für den Käfig als auch für die Pfanne gang und gäbe war). *Sorbus aucuparia* lautet der wissenschaftliche Name der Vogelbeere, wobei *aucuparia* sich von *aves capere* = Vögel fangen ableiten lässt.

Im Unverstand (das heißt: in Mengen) roh genossen, sorgen Vogelbeeren für Durchfall und Erbrechen. Aber das schafft man ja auch mit einer Überdosis Kirschen. Zudem schrecken der bittere Geschmack und die Mundschleimhaut zusammenziehende Stoffe von übermäßigem Konsum ab. Kocht man die Beeren, wird die Parasorbinsäure, die Ursache der Bitterkeit, zerstört. Unser Tipp: nach dem ersten Frost ernten, weichkochen, durch die Flotte Lotte passieren, mit Zucker versetzen und dann als ebenso leckere wie gesunde Marmelade aufs Frühstücksbrot.

Wenn wir schon dabei sind, den guten Ruf der Eberesche wieder herzustellen, können wir sie auch gleich noch von dem Verdacht befreien, sie habe etwas mit männlichen Schweinen. Früher hieß sie Aber-Esche, was soviel bedeutet wie „falsche Esche". Ihre gefiederten Blätter ähneln nämlich denen der richtigen Esche, die zu einer ganz anderen Verwandtschaft (Ölbaumgewächse) gehört als die Eberesche selbst, ein Rosengewächs.

Unbefruchtete EIer können sich nicht weiter entwickeln. (Fast alle) Tiere haben in jeder Zelle einen doppelten Erbgutsatz. Vater und Mutter steuern je eine komplette Ausstattung bei. Bei der Befruchtung werden diese beiden einfachen Erbgutsätze kombiniert. Die mütterlichen und die väterlichen Chromosomen nehmen zusammen ihre Arbeit auf. Fehlt das Erbgut eines Partners, läuft normalerweise gar nichts. Und dennoch: Bei „niederen Tieren" (also Nicht-Wirbeltieren) ist es gar nicht so ungewöhnlich, dass aus unbefruchteten Eiern wieder Leben entsteht. Für Rädertiere und Wasserflöhe, beide im Plankton des Süßwassers oft sehr häufig, ist diese Art der Vermehrung ebenso normal wie für Blattläuse. Ein Spezialfall sind die Hautflügler, zu denen Bienen, Wespen und Ameisen zählen. Bei ihnen werden aus unbefruchteten Eiern Männchen mit einfachem Chromosomensatz, aus befruchteten Eiern Weibchen mit (wie es sich für Tiere eigentlich gehört) doppeltem Chromosomensatz. Bei der Honigbiene entscheiden darüber hinaus dann Pflege und Diät, ob ein Weibchen zu einer unfruchtbaren Arbeiterin oder zur Königin wird.

ELEFANTen vergessen nichts. Menschen, denen das sprichwörtliche „Elefantengedächtnis" nachgesagt wird, vergessen nie und begleichen alte Rechnungen noch nach Jahrzehnten. Das passt zu zahlreichen Geschichten, die über Elefanten im Umlauf sind, zum Beispiel die vom indischen Mahout (Elefantenwärter), der dem Elefanten eines Kollegen nach getaner Arbeit unter die Belohnungs-Süßigkeiten einen ähnlich aussehenden Kieselstein mischte. Wochen später, als sich Elefant und Mensch zum ersten Mal wieder trafen, holte der Dickhäuter mit dem Rüssel den so lange aufbewahrten Kiesel aus den Backentaschen und schleuderte ihn dem Missetäter entgegen.

Wissenschaftler dürfen sich natürlich nicht nur auf Anekdoten verlassen, sondern brauchen harte Fakten. Bei einem ihrer Versuche brachten sie einem Elefanten bei, Töne (nach der Tonhöhe) und ganze Tonfolgen zu erkennen, und danach einen Futterautomaten auszulösen. Zwölf solche Dressurtöne beherrschte das Tier schließlich, davon waren nach eineinhalb Jahren ohne Übung immerhin neun noch präsent. Bei einem anderen Versuch wurde ein Elefant auf die Unterscheidung von Bildpaaren trainiert, indem immer die Wahl des richtigen Bildes belohnt wurde. Bei einer falschen Wahl blieb die Belohnung dagegen aus. Nachdem der Elefant dreizehn solcher Bildpaare sicher beherrschte, wurden die Versuche eingestellt und nach einem Jahr wiederholt. Ergebnis: Zwölf von dreizehn Bildpaaren wurden noch richtig zugeordnet – eine erstaunliche Leistung! Nach der nächsten Trainingsrunde konnte der Elefant vierzig Bilder eindeutig und konstant als „gut" oder „schlecht" erkennen. Dieses Mal ließen die Forscher eine wesentliche längere Zeit verstreichen, bevor sie ihren Test wiederholten. Erst 32 Jahre später besuchten sie „ihren" mittlerweile etwa vierzigjährigen Elefanten wieder. Das Wiedersehen ließ keinen Zweifel daran, dass der Elefant seine Lehrer noch kannte. Ebenso erinnerte er sich an den Ablauf der Versuche. Dagegen scheiterte er an der Aufgabe, die „guten" von den „schlechten" Motiven zu unterscheiden.

Vergleicht man das mit den Erinnerungen, die man selbst aus seiner Grundschulzeit mitbringt, kann man das gut nachvollziehen. Besser als das Erinnerungsvermögen der Menschen scheint das Gedächtnis der Elefanten demnach nicht zu sein – aber auch nicht schlechter.

ELEFANTen sind trampelig.

Die kolossale Masse des Elefanten und seine massiven Säulenbeine nähren die Vorurteile, dass die grauen Riesen wenig sensibel durch die Gegend stampfen. Als „Dickhäuter“ werden sie bezeichnet, ein Ausdruck, der auf Menschen übertragen deren trampelige und für zarte Andeutungen wenig empfängliche Wesenzüge charakterisiert. Solche Zeitgenossen benehmen sich notfalls auch „wie ein Elefant im Porzellanladen“.

Natürlich kann ein Elefant, wenn er sich bedroht fühlt, enorme und zerstörerische Kräfte entfalten. Im Normalfall aber trampeln Elefanten keineswegs alles nieder, was ihnen im Weg ist. Zunächst dient der Rüssel in unbekanntem Gelände als überaus empfindliches Tastorgan, das die Lage im Vorfeld sondieren hilft, bevor der Fuß aufgesetzt wird. Und auch dabei können die massigen Säuger überaus zart vorgehen. Der legendäre Frankfurter Zoodirektor Bernhard Grzimek, der unbedingt wissen wollte, wie es sich anfühlt, wenn einem ein Elefant auf dem Fuß steht, hatte große Mühe, sein zahmes Zootier dazu zu überreden. Das Ergebnis dieses Selbstversuchs: Begeht man nicht den Fehler, seinen Fuß unter die mit Hufen bewehrte Vorderkante des Elefantenfußes zu bringen, passiert gar nichts. Eigentlich sind Elefanten Zehenspitzengänger. Das Gewicht des mächtigen Tieres wird aber durch ein keilförmiges und bei Belastung die Auftrittsfläche noch wesentlich vergrößerndes

„Fußpolster“ verteilt. Dadurch üben viertausend Kilogramm schwere Elefanten lediglich einen Druck von sechshundert Gramm pro Quadratzentimeter Fußfläche aus. Ist der Boden nicht allzu weich, hinterlassen Elefantenherden deshalb erstaunlich wenig Spuren.

ELEFANTen haben Angst vor Mäusen. Das schlimmste, was einem Elefanten widerfahren könne, so liest man immer wieder, sei, dass eine im Futterheu versteckte Maus versehentlich in seinen Rüssel krieche, dort bis ins Gehirn hinaufklettere und den Elefanten dadurch zum Wahnsinn und in den Tod treibe. Daher rühre die instinktive Angst der grauen Riesen vor den grauen Zwergen. Bernhard Grzimek, vormals Zoodirektor in Frankfurt, machte die Probe aufs Exempel, setzte seinen Elefanten Mäuse vor und wartete auf Panikattacken. Nichts dergleichen geschah. Der Elefant beschnüffelte das kleine (und sicher vor Angst beinahe vergehende) Pelztier mit seinem Rüssel und – zertrat es. Nun neigen verängstigte Mäusc dazu, ins nächste dunkle Loch zu fahren, so dass schon denkbar wäre, dass sie sich, die Flucht nach vorne antretend, zufällig in der Rüsselnase zu verstecken suchten. Ein kräftiger Schnäuzer des Elefanten würde die Maus aber sofort rückwärts herauspusten. Und schließlich: Der Rüssel führt keineswegs ins Gehirn, sondern endet, wie bei Säugern üblich, im hinteren Rachenraum. Eigene Erfahrungen mit eingeatmeten Krümeln lassen vermuten, dass spätestens hier die Maus durch einen heftigen Hus-

tenreiz kräftig beschleunigt durch den Mund herausfliegen würde. Elefanten wurden in historischen Zeiten immer wieder als Kriegsgerät missbraucht und als „lebende Panzer“ eingesetzt. Besonders spektakulär war der von Elefanten begleitete Kriegszug des karthagischen Feldherrn Hannibal über die Alpen (218 v. Chr.). Hannibal war aber nicht der erste, der Elefanten gegen die Römer in die Schlacht führte. Vorher hatte das bereits der (durch seine katastrophalen Siege sprichwörtlich gewordene) griechische König Pyrrhus mit einigem Erfolg im Jahr 280 v. Chr. getan. Fünf Jahre später – die nächste Schlacht stand an – hatten die Römer eine Gegenwaffe entwickelt: Sie bestrichen Schweine mit Fett und Pech, zündeten sie an und jagten die in Todesangst laut quiekenden Tiere den Elefanten entgegen, die darob in Panik gerieten und flohen: ein spektakulärer „Sieg“ der Kleinen über die Großen und vielleicht der Ursprung der Mär von den grauen Riesen, die sich vor viel kleineren Tiere fürchteten.

ELEFANTenbabys trinken Muttermilch mithilfe ihres Rüssels.

Elefantenbabys trinken, wie alle kleinen Säugetiere, mit um die Zitze geschlossenen Lippen. Der zunächst noch ziemlich kurze Rüssel wird anmutig nach oben gelegt, damit er dabei nicht stört. Auch ein erwachsener Elefant trinkt nicht mit dem Rüssel, sondern benutzt die lang gezogene Multifunktionsnase lediglich dazu, Wasser hochzuziehen und sich anschließend in den Mund zu spritzen. Ohne Rüssel wäre der Abstand zum Was-

ser auch schlecht zu überbrücken. Schließlich fehlt den Elefanten der lange schlanke Hals der Giraffen (der aber auch nur bis nach unten reicht, wenn die Giraffe in die Grätsche geht, eine ebenso unelegante wie gefährliche Haltung). Dieses Problem haben kleine Elefäntchen nicht: Mutters Zitze befindet sich fast genau in Mundhöhe.

ELSTERn sind diebisch. Es gibt kaum ein hartnäckigeres Vorurteil als dieses. Die „diebische Elster" ist zu einem stehenden Begriff geworden und fester Bestandteil des Volksglaubens. Selbst die höheren Künste, Literatur und Musik, bedienen sich dieses Klischees. La gazza ladra, die diebische Elster, heißt zum Beispiel eine bekannte Oper von Gioacchino Rossini, uraufgeführt in Mailand im Jahr 1817, was belegt, dass die Mär vom räuberischen Vogel schon alt ist und keineswegs auf Mitteleuropa beschränkt. Dabei geht es in stundenlangen Verwicklungen um einen Diebstahl silbernen Bestecks, der einem Dienstmädchen untergeschoben wird, bis sich die Wertgegenstände im Nest einer Elster wieder finden. Fotos von solchen Nestern, in denen die Eier zwischen lauter Silberlöffeln kaum zu sehen sind, belegen solches Verhalten scheinbar.
Wer auf der Suche nach genaueren Beschreibungen von Durchführung, Sinn und Zweck dieser Kleinkriminalität die gängigen ornithologischen Handbücher wälzt, wird aber schmählich enttäuscht. Das ‚Handbuch der Vögel Mitteleuropas', die Bibel der deutschen Vogelkundler, schweigt sich fast völlig aus, von der Bemerkung abgesehen, dass bei der Kontrolle von etwa fünfhundert Nestern keinerlei glänzende Gegenstände gefunden wurden. Und im ‚Handbook of the Birds of Europe, the Middle East and North Africa', dem englischen Pendant, findet sich im achten Band auf Seite 60 lediglich die lapidare Bemerkung: „Contrary to popular belief,

wild birds never seen to hoard anything inedible." [Anders als allgemein angenommen wurden Wildvögel nie dabei beobachtet, wie sie irgend etwas nicht Essbares versteckten.]

Also alles Lug und Trug? Fast, aber nicht ganz. Denn der Satz enthält zwei interessante Hinweise. Erstens den, dass Elstern (wie viele Arten aus ihrer Rabenvogel-Verwandtschaft) in Zeiten des Überflusses gerne Vorräte verstecken, um später etwas zu haben. Im mitteleuropäischen Handbuch lesen wir: „Versteckt werden vor allem Objekte aus dem Umfeld des Menschen (Vogel- und Tierfutter, Fleisch, Käse, Hundekot usw.), sowie Pflanzenzwiebeln (aus Maulwurfshaufen oder Gartenbeeten), aber weit seltener andere natürliche Nahrung (z.B. Eicheln)." Dabei verhält sich die Elster äußerst Verdacht erregend, als habe sie ein schlechtes Gewissen. „Sie hält nach Corviden [Rabenvögeln] Ausschau, die das Versteck ausheben könnten, späht nach einem günstigen Versteck, schlägt mit dem Schnabel ein Loch in die Grasnarbe, legt den Vorrat hinein und deckt ihn wie alle Corviden mit Erde oder pflanzlichem Material so zu, dass er vor Sicht geschützt ist." Dieses Verhalten dürfte dem Gerücht von der diebischen Elster wenn nicht zugrunde liegen, so doch Nahrung gegeben haben. Allerdings liegen die Nahrungsverstecke meist am Boden, nie im Nest. Sie werden gewöhnlich innerhalb weniger Tage wieder aufgesucht, schließlich enthalten sie meist verderbliche Ware. Ein wahrhaft erstaunliches Ortsgedächtnis sorgt dafür, dass die Elster ihre eigenen Verstecke ohne Probleme wieder findet.

Der zweite Hinweis ist der auf die Wildvögel. Denn zahme Vögel können sich anders verhalten. Aus berufenem Munde, nämlich dem des württembergischen Ornithologen Richard von Koenig-Warthausen, wird das mit einer netten Anekdote bestätigt: „Ich besass vor Jahren eine überaus zahme Elster, welche überall frei aus und ein gieng ...; als nun im Dorfe Ruggericht war, flog sie nach dem Rathaus und durch's offene Fenster direct auf den Tisch; eine Spritz-Salve aus dem Tintenfass über das Protocoll und schleuniger Rückzug auf demselben Wege unter Mitnahme einer dem verblüfften Beamten entfallenen Schreibfeder war das Werk eines Augenblicks. Das gespannte Verhältnis zwischen Elster und Regierung hätte nicht drastischer dargestellt werden können." Das schrieb Koenig-Warthausen im Jahr 1887 in einem Aufsatz ‚Über die Schädlichkeit und dic Nützlichkeit der Raben-Vögel'. Ähnliche Erfahrungen mit ihren Zöglingen konnten schon viele machen, die einen der überaus gelehrigen, neugierigen und spielfreudigen Rabenvögel großgezogen haben. Besonders fasziniert sind diese oft von glänzenden Gegenständen und spiegelnden Flächen, mit denen sie sich stundenlang spielerisch beschäftigen können. Hier liegt wohl die zweite Quellc für die Mär von der diebischen Elster.

Und die Fotos der schmuckübersäten Elsternnester? Alles Lug und Trug. Die Fotografen hatten die Löffel selber drapiert, bevor sie auf den Auslöser drückten.

Die ERPEL der Stockente tragen das ganze Jahr über ein prächtiges Gefieder.

Die farbenfrohen Männchen der Stockenten unterscheiden sich von ihren tarnfarbig braunen Weibchen so stark, dass der Urvater der Namensgebung und Ordnung der Tiere, der schwedische Biologe und Mediziner Carl von

Linné

Linné (1707–1778), ihnen sogar zwei verschiedene wissenschaftliche Namen gab.

Wer ein Auge auf die Enten im Park hat – meist Stockenten, darunter immer auch einige gescheckte, die aus Verbindungen von Wildenten mit Hausenten entsprangen – kann beobachten, wie sich das Verhältnis von bunten zu braunen Vögeln im Jahresverlauf ändert. Beginnen wir im Winter. Jetzt bemühen sich die bunten Erpel emsig um die Weibchen, die Balz ist in vollem Gange. Immer mehr Pärchen sondern sich ab. Im Frühjahr verschwinden die Weibchen dann von der Bildfläche. Gut getarnt sitzen sie auf ihren Nestern. Sich jetzt öfter als nötig blicken zu lassen, kann gefährlich werden. Zu kurz gekommene Erpel jagen manchmal gleich hordenweise hinter einzelnen Weibchen her. Bei den dann oft folgenden Massenvergewaltigungen kann es sogar vorkommen, dass das Opfer ihrer Begierde ertrinkt. Im Sommer, die Brut wird allmählich flügge, scheinen dann die Erpel verschwunden. Sie sind es aber nicht, sie haben sich lediglich umgezogen und ihr Prachtkleid mit einem Schlichtkleid vertauscht, das dem der Weibchen ähnelt. Meist (aber nicht immer) lassen sie sich bei genauerem Hinschauen aber noch an der rotbraunen Brust und ihrem olivgrünen Schnabel identifizieren. So getarnt, lässt sich die schwierigste Phase im Entenleben wohl besser bewältigen: Der gleichzeitige Abwurf aller Schwungfedern und ihre anschließende Erneuerung, die eine Ente für etwa einen Monat ihrer Flugfähigkeit beraubt. Ist die Schwingenmauser abgeschlossen, wechselt der Erpel im Herbst wieder ins Prachtkleid, um erneut sein Glück bei den Weibchen zu versuchen.

Insekten sehen mit ihren FACETTEnaugen sechseckige Mosaike.

Die großen Facettenaugen der Insekten bestehen aus vielen, manchmal Tausenden von Einzelaugen. An der Oberfläche des Gesamtauges bilden diese Einzelaugen ein Wabenmuster aus winzigen Sechsecken. Nehmen Insekten ihre Umwelt also wie durch ein sechseckiges Gitter wahr? Wohl kaum. Schließlich zeichnet das Wabenmuster die wahrnehmungsfreien Grenzflächen der Einzelaugen nach. Jedes dieser Einzelaugen ist im Normalfall gegen seine Nachbarn optisch isoliert und hat einen eigenen optischen Apparat. Dieser besteht aus einer Linse und einem darunter sitzenden Kristallkegel, der das eingefangene Licht zu den Sehzellen weiterleitet. Weil jede einzelne Linse (wie die in unserem eigenen Auge) hinter sich ein umgekehrtes und verkleinertes Bild der Umgebung entstehen lässt, wird der Blick durchs Insektenauge in Film und Comic, gelegentlich aber auch in ernster zu nehmender Literatur, immer wieder als Kaleidoskop aus zahlreichen sechseckigen und jeweils etwas gegeneinander verschobenen Einzelbildchen dargestellt. Das allerdings würde voraussetzen, dass im Hintergrund eines jeden Auges eine sehr leistungsfähige Netzhaut das von der Linse gelieferte Bild fein gerastert ans Insektengehirn weitermelden würde. Dem ist aber nicht so. Im Einzelauge sitzen lediglich einige wenige Sehzellen, von denen in der Regel nur eine einzige vom einfallenden Licht angeregt wird. Die Folge: Jedes Einzelauge liefert nur einen einzigen Bildpunkt (Computerfachleute würden von einem „Pixel" sprechen). Auch wenn die einzelnen Augen also selbstständige Module sind, entsteht der Bildeindruck erst aus den zusammengesetzten Helligkeits- und Farbmeldungen der alle in verschiedene Richtungen blickenden Einzelaugen. Nur das ganze Facettenauge liefert also das Gesamtbild. Dieses ist umso schärfer, je mehr Bildpunkte es zusammensetzen. (Wieder hilft der Vergleich mit den Pixeln der Computerbilder.) Das ist der Grund, weshalb die Libellen, rasante Luftjäger, die auf einen guten Gesichtssinn angewiesen sind, so riesige Augen haben. Bis zu 30.000 Einzelaugen sorgen für einen scharfen Blick.

FISCHadler können ihre Beute nicht mehr loslassen

und werden von großen Fischen in die Tiefe gezogen. Für diese Geschichte habe ich vor vielen Jahren sogar einen beeindruckenden Fotobeleg gesehen (wo, weiß ich leider nicht mehr): Im vernarbten Rücken eines uralten, riesigen Karpfens staken zwei Fänge. Der Rest des Adlers war bereits der Verwesung anheim gefallen. Das und die inzwischen teilweise eingewachsenen Krallen belegten, dass die dramatische Attacke bereits eine ganze Weile zurücklag. Der Text zum Bild führte diesen Fall als einen weiteren Beweis dafür an, dass Fischadler, wenn sie einmal zugegriffen hätten, ihre Fänge nicht mehr lösen könnten, sondern sie sozusagen freifressen müssten. Verschätzten sie sich in der Größe ihrer Beute, zögen sie unweigerlich den Kürzeren. Das ist natürlich nicht so. Wenn das Fischadler-Männchen seine Beute dem Weibchen übergibt, das dann die Nestlinge füttert, lässt sich klar beobachten, dass sie durchaus freiwillig loslassen können. Wie aber kommen dann die Fänge in den

Karpfenrücken? Die ornithologische Literatur kennt tatsächlich einige wenige solcher Fälle, in denen frisch tote Adler oder Skelette an dicken Hechten, Karpfen oder Brachsen hingen, die zu schwer waren, um aus dem Wasser gezogen zu werden. Ob hier unerfahrene Adler nicht schnell genug reagiert hatten (junge Fischadler müssen mühsam üben, bevor sie sicher zustoßen können)? Oder ob die spitzen und sehr stark gekrümmten Klauen so tief in dicke Schuppen oder Knochen eingedrungen waren, dass sie tatsächlich von diesen festgehalten wurden, ähnlich wie ein tief in ein Brett geschlagener Nagel fest sitzt? Oder ob – und das wurde in Einzelfällen tatsächlich nachgewiesen – den früher unbarmherzig verfolgten „Fischräuber“ die Kugel des erbosten Teichwirts in dem Augenblick traf, als er sich mit einem besonders dicken Brocken abmühte?

FISCHe haben keine Nase.

Für uns ist die Nase in erster Linie zum Atmen da. Wozu also sollten Fische eine haben, wenn sie doch unter Wasser leben und ihren Sauerstoffbedarf dort über Kiemen decken? Die ursprüngliche Aufgabe der Nase jedoch ist nicht das Luftholen, sondern das Riechen. Erst später, bei der Besiedlung des Landes durch die ersten Landwirbeltiere, erhielt die Nase einen Durchbruch zum Mundraum und diente fortan auch zum Atemholen, ohne ihre bisherige Aufgabe, das Riechen, aufzugeben. Riechen funktioniert auch unter Wasser und gibt wertvolle Hinweise, zum Beispiel auf Nahrung, Artgenossen oder Feinde. Lachse finden mit Hilfe ihrer Nase sogar auf große Entfernung ihren Heimatfluss, in dem sie einst aus dem Ei geschlüpft sind und in den es sie nach jahrelangem Aufenthalt im Meer auch wieder zurückzieht, um ihrerseits zu laichen. Die typische Fischnase besteht aus paarigen Gruben zwischen Maul und Auge. Die mit

Riech-Sinneszellen ausgekleideten Gruben haben eine Ein- und eine Ausströmöffnung, so dass sie immer von Wasser durchflossen werden.

In den eisigen Polarmeeren können keine FISCHe leben, weil sie erfrieren würden.

Wenn die Fischdampfer auf Fang ausfahren, suchen sie überwiegend kalte Gewässer auf. Dort ist die Nährstoffversorgung meist sehr viel besser als in tropischen Gefilden. Deshalb können dort mehr Fotosynthese betreibende Plankton-Algen wachsen. Der höhere Input wird in die marinen Nahrungsketten eingespeist und sorgt schließlich für einen höheren Fangertrag. Wie aber sieht es in den wirklich polaren Gebieten aus? Erfrieren die Fische in Wasser, das wegen seines Salzgehalts sogar Minusgrade aufweisen kann, bevor es zu Eis wird? Schließlich gefriert ein Fisch gewöhnlich bei etwa -0,6 bis -0,8 Grad Celsius. Die Temperatur der Polarmeere weist aber, wenn eine Eisdecke vorhanden ist, -1,86 Grad auf. Wie polare Fische dieses Problem lösen, ist uns aus der Technik wohl bekannt: Frostschutzmittel sorgen für eine Erniedrigung des Gefrierpunktes. Bei antarktischen Eisfischen, über hundert Arten, die in den Gewässer um den südpolaren Kontinent oft einen großen Teil der Fischfauna stellen, verhindern Glykoproteine (also Zucker-Eiweiß-Verbindungen) im Blut und den Gewebsflüssigkeiten, dass tödliche

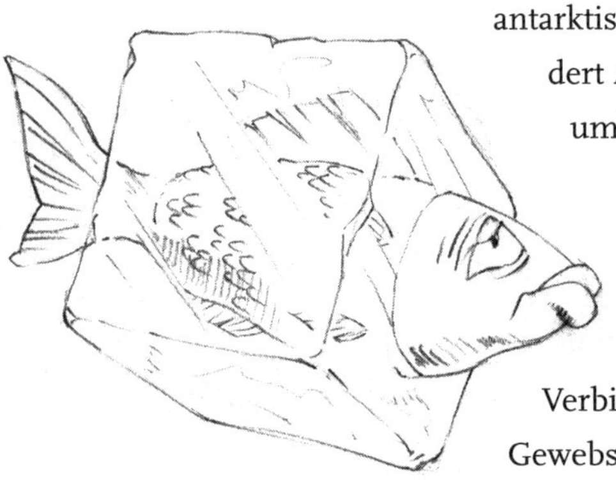

Eiskristalle in den Zellen wachsen. Bei einigen arktischen Fischen spielen kohlenhydratfreie Polypeptide dieselbe Rolle und belegen dadurch, dass diese Art des Frostschutzes bei Fischen mehrfach unabhängig voneinander entwickelt wurde. Die Eisfische der Antarktis können durch ihren chemischen Frostschutz noch in Wasser mit einer Temperatur von -2,5 Grad Celsius leben. Mehr Probleme bereiten ihnen hohe Temperaturen. Steigt die Wassertemperatur auf über sechs Grad, droht bereits der Hitzetod.

FLEISCH fressende Pflanzen ernähren sich allein von Fleisch.

Unscheinbar sähen die kleinen, kreisrunden Blätter des Sonnentaus aus, funkelten sie nicht im Sonnenlicht wie mit kleinen Diamanten übersät. Das lockt auch eine neugierige Fliege. Schließlich sondern manche Pflanzen Wasser ab, das durstige Insekten gerne aufnehmen, oder auch, noch besser, süße nektarhaltige Tröpfchen. Dieser Fliege jedoch wird ihr Interesse zum Verhängnis. Es ist Klebstoff, der auf der Spitze vieler kleiner, die Blätter bedeckenden haarartiger Fortsätze glitzert. Einmal festgeklebt gibt es keine Rettung für das geleimte Insekt. Langsam beugen sich alle Tentakel über seinen immer erschöpfter sich wehrenden Körper, dann schließt sich das ganze Blatt über dem kleinen Kadaver. Die Verdauung beginnt. Spezielle Drüsen sondern Verdauungsenzyme ab, die das Insekt teilweise auflösen. In Einzelbausteine zerlegt wird es über die Blattfläche

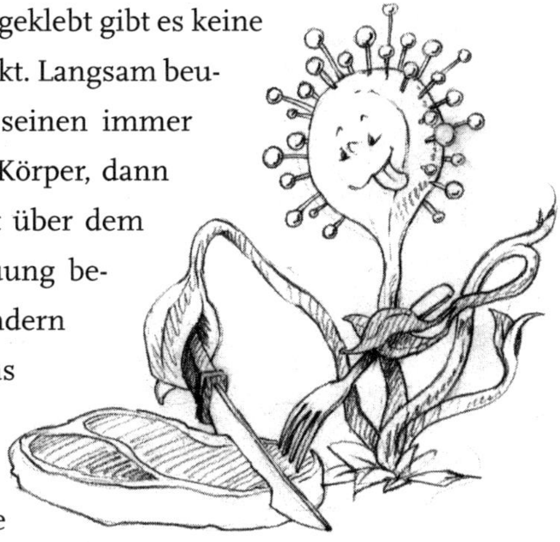

aufgenommen. Übrig bleibt eine leere Chitinhülle. Wie die meisten Fleisch fressenden Pflanzen – in der heimischen Flora beispielsweise noch Fettkraut und Wasserschlauch – ist auch der Sonnentau grün, kann also wie andere Pflanzen Fotosynthese betreiben. Er ernährt sich also nicht (nur) von Fleisch. Warum also der Aufwand? Ein Blick in die Umgebung bringt uns der Lösung dieser Frage näher. Der Rundblättrige Sonnentau wächst im Hochmoor, einem mächtigen, weit über das Grundwasserniveau hinausgewachsenen Torfkörper, der sich allein aus Regenwasser speist – und das ist eine magere Speise. Für Hochmoorpflanzen ist Mangel chronisch, und zwar speziell der an einigen Mineralien und an Stickstoffverbindungen. Und da Not bekanntlich erfinderisch macht, hat sich der Sonnentau ebenso wie einige andere Arten eine Zusatzversorgung gesichert, die reichlich Stickstoff enthält. Insekten sind also für Fleisch fressende Pflanzen kein Grundnahrungsmittel, sondern eine zusätzliche Quelle für knappe Rohstoffe in einer mageren Umwelt. Immerhin deckt der Sonnentau knapp ein Fünftel seines Stickstoffbedarfs auf diese Weise.

Getrost in die Welt überbordender Fantasie verweisen können wir Berichte über Menschen fressende Bäume, die vor allem aus Mittelamerika und Madagaskar vorliegen. Den äußerst blumigen Beschreibungen diverser Spezies und ihrer gruseligen Fangmethoden zum Trotz ist es bis heute nie gelungen, solche Kannibalenbäume wirklich aufzutreiben. Verfechter ihrer Existenz meinen: Botaniker, die sie entdeckt und (zu) genau untersucht haben, seien wohl nicht mehr im Stande gewesen, darüber zu berichten ...

FRESSEN und gefressen werden ist das Gesetz der Natur. Diesem Missverständnis, das den Kampf aller gegen alle legitimiert, verdankt die Evolutionslehre ihre Diskreditierung bei zahlreichen Gesellschaftswissenschaftlern. Aus dem scheinbar offensichtlichen Naturgesetz leiteten manche Politiker nämlich gleich Regeln zur Organisation menschlichen Zusammenlebens ab, die aufgeklärte Zeitgenossen als „Sozialdarwinismus" geißeln und ablehnen.

Zu kurz gedacht. Denn das Gesetz der Natur heißt mindestens ebenso oft: Kooperation statt Konfrontation. Mehr oder weniger enge Zusammenarbeit ist keine menschliche Erfindung, die uns über die Natur hinaushebt.

Bei zahlreichen Tierarten profitieren Individuen von der Gemeinschaft einer sozialen Gruppe. Genauso häufig ist zwischenartliche Zusammenarbeit, die so eng sein kann, dass ein Partner ohne den anderen kaum existieren kann. Solche Symbiosen bestehen zum Beispiel zwischen vielen Pflanzen und sie bestäubenden Insekten, zwischen riffbildenden Korallen und Algen, zwischen Pilzen und Bäumen oder zwischen Algen und Pilzen (im letzteren Fall nennen wir das Ergebnis der Symbiose Flechte). Erfolgreiche Beziehungen werden im Lauf der Zeit pausenlos verbessert. Co-Evolution, eine Art positiven Wettrüstens, sorgt dafür, dass sich die Bedürfnisse der Symbiosepartner im Lauf der Zeit immer intensiver verzahnen. Schließlich kann es sogar zum endgültigen Zusammenschluss kommen. Es gibt sogar gute Argumente dafür, dass sich sämtliche

Eukaryoten, die Lebewesen mit echtem Zellkern, zunächst aus einem Teamwork verschiedener Einzeller entwickelt haben. Die Energielieferanten der Pflanzenzelle, die Chloroplasten, verfügen ebenso wie die Kraftwerke der Zellen, die Mitochondrien, über eigene Erbgutreste – Hinweise darauf, dass sie einst selbstständige Organismen waren, die ihre speziellen Fähigkeiten in eine immer enger werdende Symbiose mit anderen Zellen einbrachten. Wer wollte da nicht beipflichten, dass Kooperation *das* Erfolgsprinzip der Natur ist? Schließlich gehören außer den Bakterien und den Archaeen (früher Archaebakterien genannt) alle heutigen Lebewesen zu den Eukaryoten: die Einzeller, die Pilze, die Pflanzen, alle Tiere und damit natürlich auch wir.

FUCHS, du hast die Gans gestohlen ...

Jeder weiß, dass Füchse Gänse zum Fressen gerne haben. Das klassische Kinderlied singt es uns ins Ohr, Janosch lässt in seinem nicht weniger klassischen Bestseller ‚Oh wie schön ist Panama' den Fuchs mit der Gans zur Beerdigung gehen (zu ihrer, versteht sich), Akka von Kebnekajses mit Nils Holgerson reisende Gänseschar muss mit seinen ständigen Attacken aus dem Hinterhalt rechnen. Es sei hier nicht in Abrede gestellt, dass sich Füchse gelegentlich eine Gans holen. Füchse sind Opportunisten und nehmen, was sie kriegen. Im Stuttgarter Zoo dezimierte ein exotischen Spezialitäten nicht abgeneigter Stadtfuchs sogar die Flamingos. Doch eine ausgewachsene Gans ist, ebenso wie ein gesunder Feldhase, für einen Fuchs ein großer, oft zu großer und zudem recht wehrhafter Brocken. Eine Graugans wiegt immerhin fünf bis acht Pfund, eine weniger fürs Fliegen als für die Bratröhre gezüchtete Hausgans noch einiges mehr. Bei einem Fuchs-Eigengewicht von sechs bis zehn Kilogramm spielt das schon eine Rolle. Nein, des Füchsleins Lieblingsnahrung sind Mäuse. Insbesondere Wühlmäuse – zu dieser Familie gehören zum Beispiel die Feldmäuse und die Rötelmäuse – jagt er oft stundenlang und höchst erfolgreich. Und selbst noch kleineres wird nicht verschmäht, vom Maikäfer bis zum Regenwurm.

GALLäpfel sind eine bitter schmeckende Apfelsorte.

Um die zweitausend verschiedene Apfelsorten listen die Züchter auf, aber der Gallapfel ist keiner davon. Galläpfel wachsen auf Eichen, und zwar auf der Unterseite der Blätter, dort, wo die winzige, nur drei bis vier Millimeter große Eichengallwespe (*Cynips quercusfolii*) ein Ei ins Gewebe gelegt hat. Sie ruft damit als Reaktion der Pflanze eine spezifisch geformte Wucherung hervor, die wegen ihrer kugelrunden Form mit bis über zwei Zentimeter Durchmesser als Gallapfel bezeichnet wird. Im Inneren des zuerst grünen, später gleich echten Äpfeln rot angehauchten Gallapfels entwickelt sich die Larve. Was den Geschmack dieser Äpfelchen anbelangt: Schmecken muss es in erster Linie der Larve, die seine Innenwand benagt. Es ist aber anzunehmen, dass der Gallapfel tatsächlich ziemlich bitter ist; schließlich wächst er auf Eichen, die sehr gerbstoffreich sind. Die Gallen mehrerer Gallwespen-Arten wurden früher vor allem in den Mittelmeerländern tatsächlich zur Gerbstoffgewinnung verwendet. Bereits die alten Römer nutzen ihre Inhaltsstoffe auch als Medizin. In Wein

gelöst wirken sie adstringierend und helfen so zum Beispiel bei Darmerkrankungen.

Es gibt zahlreiche Arten von Gallwespen, die ganz verschiedene Pflanzen oder Pflanzenteile befallen und dort als Kinderstuben jeweils arttypische Gallen entstehen lassen. Bekannt sind zum Beispiel auch die bis zu fünf Zentimeter großen, mit wuscheligen roten Haaren bedeckten Gallen der Rosengallwespe, die im Volksmund als Rosenkönige oder Schlafäpfel bezeichnet werden. Unters Kopfkissen gelegt sollen sie für ruhigen Schlaf sorgen.

GECKOs halten sich mit Saugnäpfen an der Decke.

Die kleinen Echsen scheinen der Schwerkraft mühelos zu trotzen, wenn sie glatte Wände hoch huschen oder gar kopfunter über die Zimmerdecke flitzen. Saugnäpfe an den Füßen? Hierfür gibt es in der Natur immerhin bereits ein Vorbild: die Kraken. Sie erzeugen mit runden Saugnäpfen an der Unterseite ihrer Fangarme einen Unterdruck, mit dem sie einerseits Beute festhalten können, andererseits sich selbst, wenn sie unter Wasser durch Felsen oder Riffe klettern. Geckofüße zeigen unterseits allerdings keine runden Saugnäpfe, sondern eine mikroskopisch feine Behaarung. Beim Tokee, einer asiatischen Gecko-Art, wurde das genauer untersucht: Jeder Fuß weist etwa eine halbe Million Härchen auf, die circa einen Zehntel Millimeter lang sind und zehnmal dünner als das Haar eines

Menschen. Diese Härchen sind selbst noch einmal gefiedert. Jedes trägt mehrere hundert Fortsätze, deren Spitzen spatelförmig zu Endplatten verbreitert sind. Zählt man alle vier Geckofüße zusammen, kommt man auf etwa eine Milliarde solcher Endplättchen! Was das mit dem An-der-Decke-Laufen zu tun hat? Ganz einfach: Der Gecko verlässt sich weder auf Klebstoffe noch auf Unterdruck, wenn er kopfunter unterwegs ist, sondern auf Adhäsionskräfte. Diese beruhen auf Wechselwirkungen zwischen den Molekülen verschiedener Stoffe, die wirksam werden, wenn große Flächen in genügend nahen Kontakt miteinander gebracht werden. Und das ist der Trick des Geckos: Durch die extrem feine Auffiederung seiner Fußhärchen schafft er eine enorme Zahl von Kontaktpunkten mit dem Untergrund. An jedem einzelnen entstehen winzige anziehende Kräfte zwischen Untergrund und Echse – in der Summe sind diese Kräfte stark genug, das Tier zu halten. Verstärkt wird das durch eine spezielle Technik, den Fuß aufzusetzen. Er wird nicht einfach auf den Boden gepatscht, sondern „ausgerollt". Anschließend werden die Zehen leicht nach hinten gerückt. Dadurch werden die Endplättchen parallel ausgerichtet, so dass die Adhäsionskräfte maximal wirksam werden. Wenn der Gecko weiterlaufen will, kann er den Fuß nicht einfach heben. Wieder muss er ihn abrollen, um die adhäsive Bindung an den Untergrund auf diese Weise allmählich so weit zu verringern, dass sich der Fuß problemlos lösen lässt.

Menschen mit größerem GEHIRN sind intelligenter.

Als der Mensch zum Menschen wurde, begann er zunächst, auf zwei Beinen zu gehen. „Lucy", die berühmteste Vormenschenfrau, marschierte vor drei Millionen Jahren bereits aufrecht durch ostafrikanische Gefilde. Zwischen den Schultern aber trug die kleine Dame einen Affenkopf: große Schnauze, kleines Gehirn. Ihre etwa 450 Kubikzentimeter Schädelinhalt entsprachen ungefähr den Werten heutiger Schimpansen. Im Verlauf der nächsten drei Jahrmillionen veränderte sich der menschliche Schädel stark. Das Gehirnvolumen verdreifachte sich auf durchschnittlich 1.350 Kubikzentimeter und es ist sicher nicht falsch, unsere gestiegenen intellektuellen Fähigkeiten im Zusammenhang mit der Zunahme der Gehirnkapazität zu sehen. Da scheint der Umkehrschluss von der Gehirngröße auf die Intelligenz auf der Hand zu liegen. In der Tat bemühten sich Anatomen des 19. Jahrhunderts intensiv, einen solchen Zusammenhang nachzuweisen. Mit mehr als leichter Beklemmung liest man in Stephen Jay Goulds Buch „Der falsch vermessene Mensch“ (1981, deutsch 1983), wie die Elite der damaligen Wissenschaft im Bestreben, die bestehende Weltordnung mit exakten Daten zu rechtfertigen und zu untermauern, eben diese sträflich fälschte. Dabei vermutete Gould, der viele Messungen nachvollzog, dass die meisten Fälschungen gar nicht absichtlich geschahen, sondern „aus Versehen“ unterliefen, um ein gewünschtes und von vornherein nicht angezweifeltes Ergebnis zu erhalten. Und was sollte nachgewiesen werden? Dass Männer mehr Hirn hätten als Frauen, Weiße mehr als andere Menschengruppen, vulgo: dass die Herrschaft der Weißen über die Farbigen und des Mannes über die Frau Teil einer natürlichen Weltordnung sei.

Wären die Folgen dieser Weltanschauung nicht so erschreckend, man käme in Versuchung, über diese wissenschaftliche Diskussion zu schmunzeln. Denn bei allen Messungen der Hirngröße wurde eines viel zu wenig bedacht: Dass das Hirnvolumen allenfalls eine sehr pauschale Aussage über die Intelligenz zulässt. Neanderthaler hatten im Durchschnitt ein größeres Schädelvolumen als heutige

Menschen. Waren sie intelligenter? Warum aber haben sie dann das evolutionäre Rennen gegen uns verloren? Überdies: Normale menschliche Hirne können zwischen etwa 1.000 und 2.000 Gramm wiegen. Am oberen Ende der Skala lag lange mit 1.820 Gramm das von George Cuvier (1769–1832), dem wir als glänzendem Naturwissenschaftler und Begründer der Paläontologie (der Wissenschaft von den vorzeitlichen Tieren und Pflanzen) sicherlich große Intelligenz zubilligen können. Er wurde später von dem russischen Schriftsteller Iwan Turgenjew (2.000 Gramm) sogar noch übertroffen. Am unteren Ende, anscheinend aber trotzdem kein Dummerchen, erscheint der Schriftsteller Anatole France (Literaturnobelpreisträger 1921), dessen Gehirn gerade mal 998 Gramm auf die Waage brachte.

Alle Versuche, das Genie Albert Einsteins und anderer Koryphäen aus ihren Gehirnmassen zu erklären, blieben vergeblich. Und so landete die Theorie von einer allzu direkten Beziehung zwischen Gehirngröße und Intelligenz dort, wo sie hingehört: auf dem Müllhaufen der Wissenschaftsgeschichte.

GEPARDen sind hauptsächlich durch Inzucht gefährdet.

Der Gepard, der schnellste Kurzstreckensprinter, den es auf der Erde gibt, ist selten geworden. Die Bestände der schlanken, langbeinigen Raubkatze mit dem einstmals riesigen Verbreitungsgebiet von Südafrika bis in den Mittleren Osten und nach Indien sind auf etwa 12.000 Tiere geschmolzen. Mitte der 1980er-Jahre wurden die Naturschützer durch die Meldung aufgeschreckt, der Gepard sei womöglich durch Inzucht stärker gefährdet als durch die „klassischen“ Faktoren Lebensraumverlust und direkte Verfolgung. Grundlage dieser ernsten Warnung waren genetische Untersuchungen, die angestrengt wurden, weil sich gefangene Geparden nur schwer züchten lassen. Lediglich fünfzehn Prozent der Wildfänge vermehren sich in Gefangenschaft und die Jungensterblichkeit ist mit über dreißig Prozent in den ersten Lebensmonaten hoch (im Freiland überleben nur etwa fünf Prozent der Jungen bis zur Geschlechtsreife). Will man den Gepardenbestand durch Nachzuchten stützen oder gar retten, sind solche Werte ungenügend.

Stellt sich kein oder zu wenig Nachwuchs ein, ist Ursachenforschung durch Reproduktionsmediziner angesagt. Diese diagnostizierten bei Geparden eine, verglichen mit der Hauskatze, stark verminderte Spermakonzentration und -qualität: ein erstes Alarmzeichen. Daraufhin wurden genetische Untersuchungen durchgeführt, bei denen eine ungewöhnlich starke Ähnlichkeit des Erbguts der fünfzig verglichenen Tiere nachgewiesen wurde (normalerweise sind viele Gene von Tier zu Tier nicht völlig identisch, sondern zeigen eine gewisse, wenn auch geringe Variabilität). Einige weitere Indizien im Knochenbau und darin, dass Geparden Hauttransplantate nicht verwandter Artgenossen besser vertrugen als üblich – ebenfalls ein Hinweis auf ungewöhnliche genetische Ähnlichkeit – stützten die Diagnose: Verlust der genetischen Vielfalt durch Inzucht, entstanden vermutlich durch „Flaschenhälse“ in der Evolution des Geparden. Damit ist das Schrumpfen von Populationen auf wenige Individuen gemeint, auf deren eingeschränkter Gen-Ausstattung die gesamte, sich später wieder erholende Population aufbaut.

Der Gepard – ein Opfer der Inzucht, unrettbar verloren infolge genetischer Verarmung? Dem ersten Schreck auf diese Diagnose folgte eine intensive Diskussion. Gegenargumente kamen auf den Tisch: „Schlechte Gene“ seien in der Serengeti kaum für die hohe Kindersterblichkeit verantwortlich, drei Viertel der Todesfälle gingen dort

auf das Konto von Löwen und Hyänen. Fehlt deren Einfluss, wie in Namibia, wo Löwen und Hyänen durch Viehzüchter weitgehend ausgerottet sind, geht es mit den Geparden aufwärts. Auch unterscheidet sich die Erfolgsrate bei der Gepardenzucht in Zoos kaum von der anderer Katzen-Arten wie Löwe, Tiger, Irbis oder Serval; allerdings erschweren Raumansprüche und Sozialsystem die artgerechte Haltung von Geparden, eine Voraussetzung für die erfolgreiche Zucht. Die große Zahl defekter Spermien scheint jedenfalls kein Hindernis für eine hohe Befruchtungsrate zu sein, wenn sie denn ermöglicht wird.
Auch wenn die Debatte noch nicht abgeschlossen ist: Alle Beteiligten gehen inzwischen davon aus, dass auch beim Geparden Inzucht nicht die ausschlaggebende Rolle spielt, wie zunächst angenommen oder befürchtet. Nach wie vor liegen die größten Gefahren in der Einengung der Lebensräume. Diese Probleme zu lösen, wird schwierig genug …

Der Mensch unterscheidet vier GESCHMACKskategorien.

Fragen Sie mal einen Gourmet, wie viel unterschiedliche Geschmacksempfindungen ein Mensch haben kann. Fast unendlich viele, so scheint es wenigstens dem Kenner und Liebhaber der exquisiten Küche. Und doch lässt sich alles in ganz wenige Grundkategorien einteilen. Vier sind es nach herkömmlicher Anschauung: salzig, süß, bitter und sauer. Auf jede diese Grundgeschmacksqualitäten reagieren die Sinneszellen auf der Zunge anders. Zu diesen altbekannten Vieren kam erst Ende der 1990er-Jahre, von japanischen Forschern entdeckt, ein fünfter, der in den Sinneszellen ebenfalls eine spezifische Reaktion hervorruft. Im Japanischen nennt man diesen neuen

Grundgeschmack „umami“ – den Deutschen fehlt ein entsprechendes Wort leider, sodass es uns ziemlich schwer fällt, damit etwas zu verbinden. „Umami“ ist der Geschmack von Aminosäuren (den Grundbausteinen der Proteine) bzw. deren Salzen. Dazu gehört zum Beispiel das von der Lebensmittelindustrie als „Geschmacksverstärker“ eingesetzte Glutamat. Er ist vor allem mit sehr proteinreicher Nahrung wie Fleisch oder Soja verbunden. Wenn sich nicht ein besserer Ausdruck dafür findet, wird „Umami“ eines Tages vielleicht als „Fleischgeschmack“ populär. Das japanische Wort umami bedeutet neben „fleischartig“ aber auch „wohlschmeckend“ oder „würzig“.

Schlangen sind die GIFTIGsten Tiere.

Vorweg: Wie stark ein Gift wirkt, lässt sich eigentlich nur im (Tier-)Versuch ermitteln und dann auf den Menschen übertragen. Dabei müssen wir uns aber im Klaren darüber sein, dass nicht alle Gifte gleich stark auf verschiedene Arten wirken und dass auch nicht alle Individuen gleich reagieren. Während ein Bienenstich normalerweise nur eine leichte juckende Schwellung hinterlässt, müssen manche Allergiker den Tod befürchten.

Als stärkstes Gift gilt nicht das einer Schlange, sondern das des südamerikanischen Baumsteigerfrosches *Phyllobates terribilis*, der seinen Artnamen *terribilis* (= schrecklich) nicht umsonst trägt. 0,00001 Gramm seines Giftes können einen mittelgroßen Mann umbringen, der Giftgehalt eines einzigen Frosches reicht für zehn Menschen oder 20.000 Labormäuse – ein Ergebnis, das, so wollen wir hoffen, nur mit dem Stift auf dem Papier errechnet wurde. Allerdings scheint der Frosch sein die Funktion der Nerven blockierendes

Gift gar nicht selbst herzustellen. Er verdankt es vielleicht Bakterien, die ihm nur im natürlichen Lebensraum zur Verfügung stehen. Nachzuchten im Terrarium verlieren nämlich ihre Giftigkeit. Die Baumsteigerfrösche werden von südamerikanischen Indianern als Pfeilgiftlieferanten benutzt. Für Menschen besteht beim Hantieren mit den Fröschen keine Gefahr, solange sie keine offenen Wunden oder Kratzer haben. Denn die Frösche greifen niemals an – ihre Hautgifte dienen wie die aller Amphibien der passiven Verteidigung. Todesfälle sind deshalb auch selten. Zudem warnen die meisten der hoch giftigen Lurche durch auffällige Farbkombinationen.

Schlangen, die sich bedroht fühlen, gehen dagegen oft in die Offensive. Viele Giftschlangen haben mit ihren Zähnen auch äußerst wirkungsvolle Mittel, ihr Gift zu injizieren. Und schließlich sind sie meist größer als die Giftfrösche; selbst wenn das Gift etwas schwächer sein sollte, macht's dann die Dosis. Das Gift einer einzigen Kobra genügt, um über fünfzig Menschen ins Jenseits zu befördern. Schon dadurch fallen den Schlangen wesentlich mehr Menschen zum Opfer als den Amphibien. Auf etwa 50.000 pro Jahr wird die Zahl der Schlangenbisse mit Todesfolge weltweit geschätzt.

Auch Spinnen kosten zahlreichen Menschen alljährlich das Leben. Besonders berüchtigt ist die südamerikanische Kammspinne *Phoneutria*, die gelegentlich mit Obst auch nach Europa gelangt („Bananenspinne"). Die bis fünf Zentimeter lange Spinne gilt als äußerst aggressiv, springt einem vermeintlichen Feind mit einem bis zu fünfzig Zentimeter weiten Satz entgegen, rennt dann blitzschnell weiter und beißt mehrmals zu, oft mit tödlichen Folgen (siehe Seite 142).

GRIZZLYs sind die größten Bären.

Zunächst einmal: Der Grizzlybär ist keine eigene Art, sondern die nordamerikanische Unterart des Braunbären, der auf der Nordhalbkugel der Erde weit verbreitet ist. Einer ökologischen Regel gemäß sind bei warmblütigen Tierarten, die in sehr unterschiedlichen Klimazonen vorkommen, die in wärmeren Gegenden lebenden Individuen kleiner als die im Kalten. Der Grund: Große Tiere haben eine im Verhältnis zum Körpervolumen kleinere Oberfläche, verlieren also weniger Wärme. Diese Regel bestätigt sich auch beim Braunbären. Solche aus Syrien übertreffen mit einer Schulterhöhe von neunzig Zentimetern große Hunderassen nur unwesentlich. Auch die wenigen verbliebenen Alpenbären sind nicht viel größer. Bei einer Körperlänge von etwa 1,7 Metern wiegen sie um die siebzig Kilogramm. Nordeuropa weist dagegen schon ganz stattliche Exemplare auf (2,2 Meter, 250 Kilogramm). Um den Titel der größten Braunbären streiten sich die Kodiakbären aus Alaska und die Kamtschatkabären aus Ostasien. Beide übertreffen den Grizzly deutlich. Schulterhöhen von 120 Zentimetern und eine Gesamtlänge von drei Metern sind keine Seltenheit. Ein Höchstgewicht von achthundert Kilogramm ist verbürgt, von über eine Tonne wiegenden Kamtschatkabären wird gemunkelt.

Soweit zu den Braunbären, unter denen der Grizzly also keineswegs der größte ist. Zumindest bis ein über tonnenschwerer Kamtschatka-Braunbär tatsächlich nachgewiesen wird, halten aber die weißen Vettern der braunen Petze den Rekord. Der größte und schwerste je gemessene und gewogene Eisbär hatte eine Körperlänge von 3,65 Meter und wog 1002 Kilogramm.

Je größer der HAI, desto gefährlicher ist er. Haie gibt es in Größen zwischen fünfzehn Zentimetern und vierzehn Metern. Dass man sich vor den kleinsten nicht besonders fürchten muss, liegt auf der Hand. Aber wie sieht es mit dem anderen Ende der Größenskala aus? Ein Blick auf den Walhai, den bei weitem größten lebenden Fisch, lässt uns gleich alle Vorurteile begraben, schiere Größe bedeute große Gefahr. Er gehört zwar nicht verwandtschaftlich, aber ökologisch in eine Gruppe mit den großen Bartenwalen. Wie sie ernährt er sich von Plankton und Kleinfischen, die er mit einem wahrhaft riesigen Maul auffängt. Nicht viel anders macht es der bis knapp zehn Meter lange Riesenhai, dessen zu Reusen umgebaute Kiemen Nahrung aus dem durchströmenden Wasser filtern. Und auch der Riesenmaulhai, trotz etwa fünf Metern Länge erst 1976 entdeckt, lebt von Plankton.

Umstritten ist übrigens die Größe, die ein Walhai erreichen kann. Sicher verbürgt sind die oben erwähnten vierzehn Meter. Ob man Größenangaben bis 21,4 Meter ernst nehmen oder als Anglerlatein abtun muss, ist unklar. Angriffe auf Menschen – selbst auf lästige Taucher – wurden nie beobachtet. Gelegentlich kommt es aber zu Unfällen mit Booten, meist, weil die Schiffe die sonnenbadend vor sich hindösenden Haie rammen. Wo liegen dann die Gefahren für Schnorchler und Schiffbrüchige? In der oberen Mittelklasse. Der Weißhai (vier bis sechs Meter Länge),

der Blauhai (bis vier Meter) oder der Tigerhai (bis sechseinhalb Meter, meist aber kleiner) sind neben ein paar noch kleineren Arten die Haupt-Missetäter. Allerdings wird die Gefahr, in einem Hai zu enden, angesichts der alljährlich nur wenigen Unfälle mit Todesfolge maßlos übertrieben.

HAINbuchen sind Buchen. Die klassische Buche, die echte, wenn man so will, ist die Rotbuche (*Fagus sylvatica*), der man die Hainbuche als Weißbuche beigesellt hat. Selbst oberflächliche Betrachtung enthüllt sofort, dass hier wohl keine allzu enge Verwandtschaft vorliegt. Die silbrige glatte Borke der hochgewachsenen Rotbuche ist ebenso unverwechselbar wie der mit unregelmäßigen Längsstreifen und -wülsten versehene Stamm der Hainbuche. Den eiförmigen Buchenblättern stehen die der Hainbuche gegenüber, die einen fein doppelt gesägten Rand haben. Besonders deutlich unterscheiden sich die Blütenstände und die Früchte, bei der Buche die bekannten dreieckigen Bucheckern, bei der Hainbuche kleine Nüsschen, die von einem dreilappigen geflügelten Blättchen mit dem Wind verdriftet werden. Der nächste heimische Verwandte der Hainbuche ist die Haselnuss, während die Buche mit der Eiche und Esskastanie eine Familie bildet.

Als Nutzholz hat die Buche der Hainbuche den Rang abgelaufen. Letztere, deren Holz schwerer ist als das der Eiche, war einst sehr begehrt an Stellen, an denen es hart zuging: Hackklötze, Mühlräder, Holzschrauben, Werkzeugschäfte waren aus Hainbuchenholz. Nach wie vor dient sie, weil sie sich, ganz anders als die Rotbuche, hervorragend in Form schneiden lässt, als Hecke. Die allenthalben gepflanzten Buchenhecken sind also gar keine.

Die HASELmaus ist eine Maus.

Der „Mäuselook“ ist so unüblich nicht bei kleinen Säugetieren. Es gibt Insektenfresser, die so daherkommen (Spitzmäuse) und sogar mit den Kängurus verwandte Beutelmäuse. Verglichen mit diesen gehören die Haselmäuse sogar in die nähere Verwandtschaft der richtigen Mäuse, sind sie doch beide Nagetiere. Innerhalb dieser erfolgreichsten Säugetiergruppe der Welt aber trennen Haselmaus und Maus Welten. In der Sprache des zoologischen Systematikers ausgedrückt, der die Vielfalt des Lebens in ein streng hierarchisches System einordnet: Was wir hierzulande gemeinhin als Maus bezeichnen, gehört entweder in die Familie der Echten Mäuse (Muridae) – Beispiele sind Hausmaus, Waldmaus und Wanderratte – oder in die der Wühler (Cricetidae) – zum Beispiel Feldmaus oder Schermaus. Beide Familien werden mit zahlreichen anderen wieder in einer höheren Kategorie zusammengefasst, in der Gruppe der Mäuseverwandten (Myomorpha) innerhalb der Nagetiere. Die Haselmaus aber gehört in die Gruppe der Bilchverwandten (Glirimorpha), die wesentlich weniger artenreich lediglich eine einzige Familie einschließt, die der Bilche (Gliridae). Bilche werden auch als Schlafmäuse bezeichnet. Abgesehen davon, dass dieser Name schon wieder die irreführende Maus ins Spiel bringt, ein Hinweis darauf, dass die Bilche überwiegend nachtaktiv sind. Die Haselmaus ist die kleinste heimische Art, der Siebenschläfer die größte. Daneben gehören noch Garten- und Baumschläfer zu den Bilchen.

HEILpflanzen lassen sich stets unbedenklich anwenden.

„Ist ja rein pflanzlich!" Für viele Konsumenten von Medikamenten ist das die Unbedenklichkeitsgarantie schlechthin. Risiken und Nebenwirkungen erwarten sie nur aus den Hexenküchen der pharmazeutischen Industrie, nicht aber aus der Apotheke von Mutter Natur. Zu kurz gedacht. Die Natur hat zahlreiche Gifte entwickelt, die den synthetischen in nichts nachstehen. Auch für pflanzliche Arzneien gilt der alte Merkspruch der Apotheker: Die Dosis macht's. Die Wirkstoffe des Fingerhuts etwa, in äußerst geringer Konzentration hoch wirksame Herzmedikamente, sind in höherer Dosierung tödlich. Wobei der Begriff „höhere Dosierung" sehr relativ ist: Zwei bis fünf Tausendstel Gramm Wirkstoff, enthalten in zweieinhalb Gramm Fingerhutblättern, gelten bereits als Dosis letalis.

Bei den HIRSCHen haben nur männliche Tiere ein Geweih.

Von dieser Regel gibt es nur eine einzige Ausnahme: das Rentier. Hier tragen beide Geschlechter ein Geweih – jedenfalls meist. Denn bei den im Wald lebenden Rentieren, einer besonders großen Form, kommen auch geweihlose Weibchen vor. Normalerweise dienen Geweihe bei Hirschen zum Angeben. Die Tiere, die sich große Geweihe „leisten" können, sind meist auch die leistungsfähigsten. Sie haben die besten Fortpflanzungschancen. Nach der Brunftzeit im Spätherbst hat das Geweih als Ausweis männlicher Potenz seine Schuldigkeit getan. Es wird abgeworfen. Weibliche Rentiere behalten ihren Kopfschmuck dagegen länger und werfen die Stangen erst im Frühjahr ab, wenige Tage nach der Geburt ihrer Kälber. Damit verschaffen sie sich wohl einen Wettbewerbsvorteil an den Löchern, die Rentiere mit ihren besonders großen und breiten Hufen der Vorderbeine in den Schnee scharren, um sich die winterliche Flechtennahrung zu erschließen.

HIRSCHe: Männliche Tiere erkennt man immer am Geweih.

Das trifft keinesfalls immer zu. Begleiten wir einen Rothirsch durch das Jahr, so sehen wir ihn im Spätwinter geweihlos. Nur die „Rosenstöcke“, die Sollbruchstelle, an der die Geweihstangen abgeworfen worden sind, sind aus unmittelbarer Nähe zu entdecken. Wenig später beginnen hier die neuen Stangen zu wachsen. Rund hundert Tage dauert das. Im Hochsommer ist das Wachstum abgeschlossen, jetzt wird die schützende Haut (der „Bast“) vom Knochen gefegt, das Geweih ist funktionstüchtig. Seine Aufgabe, zu imponieren und notfalls im Rivalenkampf eingesetzt zu werden, erfüllt es während der herbstlichen Hirschbrunft. Kurz nach dem Jahreswechsel sorgen dann, von Hormonen gesteuert, Knochenfraßzellen oberhalb der Rosenstöcke für eine schmerzlose Trennung von dem prächtigen Kopfschmuck. Schmerzhafter ist vielleicht der Verlust des damit verbundenen sozialen Status‘ – ein geweihloser Hirsch fällt in der Rangordnung sofort hinter alle

zurück, die noch eines tragen. Aber dabei handelt es sich meist nur um Tage ...

Stets gänzlich geweihlos, auch im männlichen Geschlecht, sind neben den in eine eigene Familie gestellten Hirschferkeln nur zwei kleine, nicht näher miteinander verwandte ostasiatische Hirsch-Arten, das Moschustier und das Chinesische Wasserreh. Beide kompensieren diesen Mangel durch hauerartig verlängerte obere Eckzähne. Auf die andere Ausnahme, die Rentiere, bei denen auch die Frauen Geweih tragen, wurde bereits hingewiesen (siehe Seite 66).

Ein HOLZapfel ist ein holziger Apfel.

Viele unserer Kulturpflanzen stammen ursprünglich aus fremden Landen. Nicht so der Apfel. *Malus sylvestris*, zu deutsch: der Waldapfelbaum, lautet der wissenschaftliche Name einer der Stammarten des Kulturapfelbaums, von dem inzwischen mehr als zweitausend verschiedene Sorten beschrieben sind. Seine beiden heute gebräuchlichen Populärnamen: Wildapfel und Holzapfel. Noch heute wachsen wilde Apfelbäume an unseren Waldrändern, wenn auch nicht sehr häufig, denn die sparrigen Gewächse fallen dort, wo intensiv Forstwirtschaft betrieben wird, oft der Säge zum Opfer. Am ehesten entdeckt man einen solchen Holzapfelbaum im Frühjahr, wenn er blüht und sich dann kaum von seinen domestizierten Kollegen aus den Obstwiesen unterscheidet. Im Herbst

dagegen, wenn dort große rotbackige Früchte locken, muss man ziemlich genau hinsehen, um die nur zwei bis drei Zentimeter großen, gelbgrünen Wildäpfelchen zu finden, die zudem extrem sauer und so hart sind, dass wir sie gerne den Vögeln und anderen Nutznießern überlassen. Von einem verwilderten Kulturapfelbaum lässt sich der Holzapfel leicht an seinen Blättern unterscheiden, die unterseits nicht filzig behaart, sondern kahl sind. Auch tragen seine Zweige meist Dornen.

Wie schon angedeutet ist der Holzapfel nicht der einzige Vater des Kulturapfelbaums. Dieser, meist als eigene Art (*Malus domestica*) geführt, entstand aus der Kreuzung des Holzapfels mit anderen Arten der Gattung. Vermutlich verdanken wir den Apfelanbau, wie so vieles, den Römern, während unsere germanischen Vorfahren sich noch mit wild gesammelten Holzäpfelchen begnügen mussten, wie Kerne in jungsteinzeitlichen Wohnstätten belegen.

HUNDE und KATZEN sind farbenblind.

Menschen sind „Augentiere“ – der Sehsinn ist ihr wichtigster. Die meisten anderen Säugetiere sind dagegen „Nasentiere“ und erfassen ihre Umwelt eher schnüffelnd als sehend. Wenn ihr Gesichtssinn so schlecht ist wie der menschliche Geruchssinn, dann dürfte es damit nicht weit her sein. Ein ebenso schneller wie unzulässiger Schluss, denn die Qualität der Sinne ist natürlich nicht aneinander gekoppelt. Trotzdem ist die Auffassung weit verbreitet, nicht nur Katz und Hund, sondern praktisch alle Säugetiere seien farbenblind.

Welche Chancen hat man überhaupt, Informationen über die Qualität einer Wahrnehmung bei Tieren zu bekommen? Da helfen Experimente, bei denen Tiere mit kleinen Futterbelohnungen auf die Unterscheidung verschiedener Farben dressiert werden. Im Test fielen Opossum, Laborratte, Goldhamster, Kaninchen und Waschbär durch. Danach galten sie als farbenblind, sie nehmen die Welt also nur in Grautönen wahr. Die Hauskatze dagegen sieht Farben, wenn sie auch bei verschiedenen Rottönen ihre Schwierigkeiten hat.

Will man sich nicht auf die nicht immer zuverlässige Mitarbeit tierischer Testpartner verlassen, bleibt der Blick durchs Mikroskop. Die Lichtverarbeitung findet im Hintergrund des Augapfels in der Netzhaut (Retina) statt. Dort stehen dicht an dicht die Sehzellen. Sie wandeln eintreffende Strahlung in Nervenimpulse um und melden sie dem Gehirn weiter. Aus zahlreichen Experimenten ist bekannt, dass für das Hell-Dunkel-Sehen und für die Farbwahrnehmung verschiedene Typen von Sehzellen zuständig sind. Nach ihrer Form werden die ersteren Stäbchen genannt, die anderen Zäpfchen.

Menschen haben drei Formen solcher Zäpfchen, die jeweils auf verschiedene Lichtfarben (Wellenlängen) maximal ansprechen. Bei Dunkelheit versagen sie ihren Dienst, weshalb wir in der Dämmerung farbenblind werden. Untersucht man die Netzhaut verschiedener Säugetierarten, findet man in sämtlichen auch Zäpfchen. Prinzipiell scheinen also alle auch Farben sehen zu können. Bei den nach der Dressur – siehe oben – als farbenblind geltenden Ratten fand man ebenfalls Zäpfchen (wenn auch nur ein Prozent der Sehzellen), so dass wir immerhin vermuten dürfen, dass sie doch nicht vollkommen farbenblind sind. Ganz sicher können wir aber erst sein,

wenn auch bewiesen wird, dass die Signale aus den Farbsehzellen später nicht mit denen aus den Stäbchen vermischt werden.
So differenziert wie Menschen und einige andere Affen-Arten mit ihren drei Zapfentypen sehen aber nur wenige. Die meisten Säugetiere verfügen nur über zwei Zapfenformen. Ihre Wahrnehmung lässt sich mit der rot-grün-blinder Menschen vergleichen. Ein solches Farbensehen ist inzwischen für Katze und Hund ebenso nachgewiesen wie für Schaf, Pferd, Erdhörnchen, Kaninchen, Seelöwe und Seekuh. Für zahlreiche weitere Arten legen Experimente eine gewisse Farbtüchtigkeit nahe. Dass Farbensehen innerhalb der Säugetiere eine Ausnahme ist, ist also sicher falsch.

Alle KAKTEEn haben Stacheln.

Abgesehen davon, dass Kakteen keine Stacheln, sondern Dornen tragen, die aus umgebildeten Blättern oder Seitentrieben entstanden sind, während Stacheln lediglich Auswüchse der Rinde sind: Es gibt auch welche ohne. Bekanntestes Beispiel ist der Weihnachtskaktus, eine aus dem Südosten Brasiliens stammende Aufsitzerpflanze, die bei uns häufig als Zimmerpflanze gehalten wird.

KAKTEEn gibt es nur in Amerika.

Hier muss ich einen Werkstattfehler und damit einen eigenen Irrtum einräumen. In afrikanischen Trockengebieten wachsen zahlreiche „Pseudokakteen", die den richtigen unglaublich ähneln. Zumindest solange sie nicht blühen. Dann nämlich erscheinen die typischen Blüten der Wolfsmilchgewächse. Kakteen seien, so behauptete ich im ersten Band „275 populäre Irrtümer über Pflanzen und Tiere", allesamt Amerikaner. Begegne man ihnen außerhalb der Neuen Welt, handele es sich entweder um solche Scheinkakteen, wie sie in der Familie der Wolfsmilchgewächse häufig sind, oder um vom Menschen eingeschleppte Arten. Damit bin ich allerdings ein kleines Stückchen übers Ziel hinausgeschossen. Denn es gibt tatsächlich eine kleine Ausnahme von der amerikanischen Regel: Einzelne Arten der Kakteengattung *Rhipsalis* finden sich nämlich auch im tropischen Afrika, auf Madagaskar, den Maskarenen und Sri Lanka. Diese epiphytischen (also als Aufsitzer auf anderen Pflanzen wachsenden) Arten bilden Beerenfrüchte aus und haben die amerikanische Stammheimat aller Kakteen vermutlich als Samen im Darm ziehender Vögel verlassen.

Tequila ist ein KAKTUS-Schnaps.

Wüste + fleischige Blätter + Dornen = Kaktus. Wer nach dieser einfachen Gleichung Pflanzen bestimmt, liegt nicht selten daneben. In trockenen Lebensräumen entstanden nämlich in vielen verschiedenen Pflanzenfamilien im Lauf der Evolution ganz ähnliche Anpassungen. Oft verrät erst die familientypisch ausgebildete Blüte, zu welcher Verwandtschaft eine Pflanze gehört. Zu diesen Schein-Kakteen gehören auch manche Agaven, insbesondere die im Mittelmeergebiet häufig kultivierte (und ebenso häufig verwilderte) Amerikanische Agave, deren Namen schon verrät, woher sie stammt. Die stattliche Pflanze mit ihren in einer Rosette

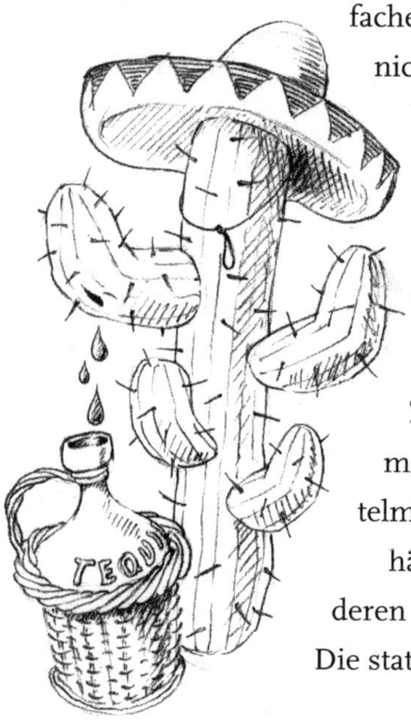

angeordneten meterlangen, seitlich dornig gezähnten, dickfleischigen Blättern und den imposanten, mehrere Meter hohen Blütenständen fehlt in keinem Hotelgarten.
Zu den Agaven – und nicht zu den Kakteen – zählen auch die Schnapslieferanten. Tequila und Mescal werden in Mexiko ebenso wie der „Pulque“ genannte Agavenwein dadurch gewonnen, dass der Blütenstand von *Agave atrovirens* oder der (nicht umsonst so genannten) Schnapsagave *Agave tequilana* gekappt wird, bevor er in die Höhe schießt. Der Saft, der aus dieser Wunde fließt, enthält neun bis zwölf Prozent Rohrzucker, der wiederum Grundlage eines Gärungsprozesses ist, bei dem Alkohol entsteht. Dabei können einer einzigen Agavenpflanze bei Tagesmengen von vier bis fünf Litern bis zu tausend Liter Saft abgezapft werden.

Auf den KANARISCHEn Inseln gibt es keine Gifttiere.

Vor allem im Winter überfällt den Mittel- und Nordeuropäer die Sehnsucht nach Licht und Wärme. Darauf gründet eine ganze Urlaubsindustrie. Reisen in den Süden sind aber nicht ganz ohne Risiko. Ängste rufen besonders Gifttiere und von Parasiten verursachte Tropenkrankheiten hervor. Das macht die Kanarischen Inseln zu einem bevorzugten Reiseziel: angenehmes subtropisches Klima, aber keine giftigen Tiere – so jedenfalls steht es in vielen Prospekten. Die Werbetexter waren über das Fehlen giftiger Schlangen und Skorpione in der kanarischen Fauna so erleichtert, dass sie die Schwarze Witwe vergessen haben, eine Spinne, die ihren Namen der Tatsache verdankt, dass sie ihr Männchen nach der Paarung verspeist und sich so selbst zur Witwe macht. Wohl wahr: Am Biss der in Südeuropa verbreiteten Art der Schwarzen Witwe stirbt man selten (wenn man kein

Schwarzer Witwer ist), aber mehr als unangenehm ist er allemal. Horst Stern in seinem Buch ‚Leben am seidenen Faden': „Der Bissschmerz wird mit dem eines Bienenstichs verglichen. Nach zwei oder drei Tagen unterschiedlich starker Körperschmerzen, fiebriger Zustände und einer deutlichen Verminderung der Gelenkbeweglichkeit klingen die Beschwerden wieder ab. Todesfälle müssen wohl als ganz ungewöhnliche Ausnahme gelten und ihre Ursache weniger im Gift als im Körperzustand des Gebissenen haben." Denken Sie daran, bevor Sie im nächsten Kanarenurlaub allzu achtlos durchs trockene Gras streifen!

KÄNGURUs betreuen immer nur ein Baby. Zunächst einmal: *Das* Känguru gibt es gar nicht, sondern allenfalls *die* Kängurus. Man unterscheidet etwa sechzig Arten, vom rattengroßen Moschusrattenkänguru bis zum mannsgroßen Riesenkänguru. Nur bei ersterem sind Mehrlingsgeburten die Regel. Alle anderen Kängurus wachsen gewöhnlich als Einzelkinder heran. Zwillinge werden selten geboren und noch seltener erfolgreich aufgezogen – verständlich angesichts der Methode, auch größere Junge notfalls noch im Beutel zu transportieren. Ältere Zwillinge passen dann kaum mehr hinein; wenn

doch, ist ihre Mutter bei der Flucht noch stärker behindert als eine alleinerziehende. Das kann übel ausgehen.
Eine interessante Anpassung ermöglicht es aber einigen Arten (darunter dem Grauen Riesenkänguru), wenigstens zwei Junge unterschiedlichen Alters zu betreuen. Bevor das Junge – beim Grauen Riesenkänguru nach etwa 235 Tagen – den Beutel das erste Mal verlässt und auch später, wenn es sein Kinderzimmer nach immer länger werdenden Ausflügen und in Notfällen wieder aufsucht, ist der Eisprung unterdrückt oder die Einnistung der Keime in der Gebärmutter verzögert, weitere Fortpflanzung also ausgeschlossen. Junge Kängurus saugen aber auch noch lange, nachdem sie den Beutel endgültig verlassen haben, Milch aus den im Beutel mündenden Zitzen. Das allerdings hemmt die Fortpflanzung nicht mehr. Wenig später kann schon ein winzig kleines Geschwisterkind an einer Zitze hängen, die in seinem Maul so stark anschwillt, dass es ohne Gewalt nicht zu lösen ist. Weil Babys eine andere Ernährung brauchen als Kleinkinder, produzieren Kängurumütter in einem solchen Fall zweierlei Milch. Die für das Baby enthält mehr Milchzucker und weniger Proteine und Fett als die für sein älteres Geschwisterkind.

KAULquappen gibt es nur im Wasser.

Kaulquappen, die Larven der Frösche also, sind fürs Wasserleben gebaut. Sie schwimmen mit einem Ruderschwanz und atmen mit Kiemen. Unsere einheimischen Frosch-Arten suchen zur Fortpflanzungszeit auch allesamt das Wasser auf. Dort überlassen die Eltern ihre Kinder nach dem Ablaichen ihrem Schicksal. Beim heimischen Grasfrosch entwickeln sich aus viertausend Eiern schließlich nur ein paar Erwachsene. Vielleicht war der hohe Feinddruck im Wasser mit dafür verantwortlich, dass

Frösche auch andere Fortpflanzungswege beschritten haben. Etwas salopp könnte man sagen: Der Trend geht zur Kleinfamilie mit intensiverer Kinderbetreuung und weg vom Wasser – über zwanzig Prozent der Frosch-Arten laichen gar nicht mehr im Wasser ab.

Ein paar Beispiele zeigen den unglaublichen „Erfindungsreichtum" der Natur: Manche Froschlurche, darunter eine in Wüstengebieten Westaustraliens lebende Art, legen ihre Eier in feuchter Erde ab. Sie geben ihnen einen so großen Dottervorrat mit, dass das Kaulquappenstadium komplett im Ei absolviert werden kann. Schließlich schlüpfen gleich kleine Fröschchen. Diese Entwicklung kann auch komplett im Mutterleib ablaufen, zum Beispiel bei den lebend gebärenden Kröten Afrikas, von denen zwei Arten ihre Jungen sogar durch Absonderungen des Uterus ernähren. Andere Frösche investieren auch noch in die Kinderbetreuung. Die rückenbrütenden Laubfrösche, mit zahlreichen Arten in Südamerika verbreitet, haben ihren Namen sogar danach bekommen. Ein kompliziertes Paarungsritual sorgt dafür, dass die Eier fest auf dem Rücken der Mutter verankert werden. Manche, die baumlebenden Beutelfrösche zum Beispiel, tragen sogar ein richtiges Kinderzimmer auf dem Rücken, entstanden aus einer oder zwei Hauttaschen, in denen die Jungen aufwachsen. Bei den Nasenfrösche sind mal die Väter am Zug. Sie päppeln den Nachwuchs in einem Kehlsack. Geradezu unglaublich aber scheint, was ein kleiner wasserlebender Frosch veranstaltet, der erst 1973 in Queensland in Australien entdeckt wurde (und seit 1984 schon ausgestorben zu sein scheint – ein unersetzlicher Verlust!). Ein im Aquarium gehaltenes Weibchen würgte einige Jungfrösche hervor. Sie waren in seinem Magen herangewachsen, der stark vergrößert als Uterus dient. Sechs bis sieben Wochen braucht es, bis aus den dotterreichen, von der Mutter verschluckten Eiern fertige Frösche geworden sind, die durch den Mund geboren werden. Derweil ist für die Mutter natürlich Fasten angesagt. Unter dem Einfluss eines Hormons der Eihüllen, später der Hautsekrete der Kaulquappen, stellt der Magen in dieser Zeit die Produktion von Verdauungssäften ein.

KIWI-Früchte stammen aus Neuseeland.

Actinidia chinensis lautet der wissenschaftliche Name der mit einer stacheligen braunen Haut überzogenen Vitaminbombe – und das führt uns auf den richtigen Weg: Die Urheimat der Kiwifrucht ist China. Und als chinesische Stachelbeere kam sie vor ein paar Jahrzehnten zunächst auch in den Handel. Besondere Verkaufserfolge ließen sich zunächst aber nicht vermelden. Die stellten sich erst ein, als die Neuseeländer den großflächigen Anbau und die Zucht verbesserter Sorten mit einem neuen, werbewirksamen Namen für die exotische Frucht kombinierten. Kiwis, kleine flugunfähige Laufvögel, sind die Wappenvögel der Doppelinsel, und ihre Bewohner bezeichnen sich selbst gelegentlich als Kiwis. Was lag näher, als auch der kiwibraunen Frucht diesen Namen zu verpassen? Das richtige Label macht's: Innerhalb weniger Jahrzehnte war die Frucht, um die Mitte des 20. Jahrhunderts hierzulande noch völlig unbekannt, in aller Munde.

Der KONDOR ist ein Greifvogel.

Der Kondor ist ein Geier und Geier gehören zu den Greifvögeln (oder Raubvögeln, wie man sie früher genannt hat – ein Begriff, der aus Gründen der political correctness inzwischen nicht mehr benützt wird). So steht es in den meisten Vogelbüchern, bis heute. Dabei fiel den Biologen schon vor weit mehr als hundert Jahren auf, dass die amerikanischen Geier, zu denen die beiden Kondor-Arten zählen, einige anatomische Merkwürdigkeiten aufweisen, die sie von allen anderen Greifvögeln unterscheiden. Zum Beispiel können sie nicht greifen, weil ihr Hinterzeh nicht als Widerpart der drei vorderen eingesetzt werden kann. Auch fehlt ihnen eine Nasenscheidewand. Einem im Profil betrachteten Kondor kann man deshalb quer durch die Nase gucken. Außerdem sind Kondore weitgehend stumm, während die meisten Greifvögel zumindest während der Balz laut rufen. Diese Besonderheiten führten zunächst dazu, den sieben amerikanischen Geier-Arten eine eigene Familie („Neuweltgeier") innerhalb der Greifvögel einzuräumen. Das Neuweltgeier-Problem blieb jedoch auf der Tagesordnung und wurde in den letzten Jahren gleich von mehreren Seiten neu angegangen. Zum Beispiel fiel auf, dass Neuweltgeier ihre Beine bei großer Hitze regelmäßig mit dünnflüssigem Kot bespritzen. Das dient der Kühlung: Die verdunstende Flüssigkeit entzieht den Läufen Wärme, das in den Körper zurückströmende Blut wird dadurch abgekühlt. Dieses eigenartige Verhalten findet man nicht nur bei Neuweltgeiern, sondern auch bei Störchen. Und weil nicht nur der Körperbau, sondern auch das Verhalten (wenigstens teilweise) im Erbgut fixiert ist, lässt sich auch aus einem übereinstimmenden Verhaltensmuster auf Verwandtschaft schließen. Zudem passen auch die oben erwähnten anatomischen Details zu den Störchen. Und das gesamte Arsenal der modernen Biologie, vom Vergleich der Chromosomen in Karyogrammen über die körpereigenen Proteine bis hin zur Untersuchung des Erbguts selbst (der DNA also) erzwingt den selben Schluss: Neuweltgeier sind keine Greifvögel, sondern nahe Verwandte der Störche! Die Geier der Alten und die der Neuen Welt trennt also eine tiefere Kluft als nur die des Atlantiks und des Pazifiks.

Bleibt die Frage, wie zwei Tiergruppen dermaßen ähnlich aussehen können, obwohl sie nicht näher miteinander verwandt sind. Altwelt- und Neuweltgeier sind beide Segelflieger mit gewaltigen Schwingen, beide ernähren sich überwiegend von Aas, beide haben lange Hälse und nackte Köpfe, bei beiden unterscheiden sich die Geschlechter nur geringfügig. Sie sind damit ein Paradebeispiel für konvergente Evolution, bei der durch Anpassungen und Spezialisierungen auf einen ähnlichen „Beruf" im Ökosystem aus ganz verschiedenen Quellen fast identische Endprodukte entwickelt werden. In unserem Fall ist dies der „Beruf" des Aasfressers, der manche dieser Anpassungsähnlichkeiten erzwungen hat.
Oft entstehen solche Konvergenzen geografisch isoliert. Der Beutelwolf Tasmaniens zum Beispiel ist eine parallele Entwicklung zu den hundeartigen Raubtieren der restlichen Welt (siehe Seite 131). Bei den Neuweltgeiern scheint es ähnlich. Die Altweltgeier, echte Greifvögel, segeln durch Europa, Asien und Afrika, die Neuweltgeier, umgewandelte Störche, suchen in Nord- und Südamerika nach Aas. Leider war die Geschichte aber komplizierter. Fossilien verraten uns nämlich, dass es Altweltgeier bis vor 10.000 Jahren auch in Amerika und Neuweltgeier bis vor etwa zwanzig Millionen Jahren auch in der Alten Welt gab.

Die KOKOSnuss ist eine Nuss.

Rufen wir uns die botanische Definition der Nuss ins Gedächtnis (und denken dabei vielleicht an eine klassische Nuss, die Haselnuss): Die Fruchtwand bildet eine aus allen drei Fruchthüllen bestehende harte Schale, die meist einen, zuweilen mehrere Samen einschließt. Wer die Kokosnuss im Marktstand liegen sieht, schlägt sie ohne Bedenken dieser Kategorie zu. Stutzig werden aber muss jeder, der weiß, wie sie am Baum hängt: kopfgroß und grün, den steinharten Kern in eine zunächst fleischige, dann faserige Fruchthülle eingeschlossen. Um bei einem vertrauteren Beispiel zu bleiben: Die Kokosnuss ähnelt der Walnuss, deren harte Schale ebenfalls nur aus der innersten der drei Fruchthüllen besteht. Und damit sind die beiden keine Nüsse, sondern Steinfrüchte, wie der Pfirsich. Mit dem kleinen Unterschied, dass wir bei diesem die beiden äußeren Fruchthüllen verzehren (die „Haut“ und das Fruchtfleisch), die bei Walund Kokosnuss bereits entfernt wurden, bevor sie auf dem Markt landen. Unsere Aufgabe zuhause besteht dann noch darin, auch die dritte, innerste Fruchthülle zu knacken, um uns schließlich an den eigentlich für den Keimling gedachten Nährstoff-Vorräten gütlich zu tun.

In Amerika leben keine KROKODILe, sondern nur Alligatoren.

Zur Begriffsklärung: Krokodile oder *Crocodylia* heißt die gesamte Ordnung der großen Panzerechsen, die zusammen mit den anderen vier Ordnungen (Schildkröten, Echsen, Brückenechsen und Schlangen) die Klasse der Reptilien oder Kriechtiere ausmachen. Innerhalb der Krokodile lassen sich drei Gruppen unterscheiden: Die Familie (oder Unterfamilie, je nach Forschermeinung) der Krokodile mit vierzehn Arten, die der Alligatoren mit sieben Arten und die der Gaviale mit einer einzigen Art, dem extrem langschnäuzigen Ganges-Gavial. Krokodile und Alligatoren ähneln sich sehr. Der auffälligste äußerliche Unterschied: Bei geschlossenem Maul sind bei den Alligatoren keine Unterkiefer-Zähne zu sehen; bei den Krokodilen dagegen trifft der vierte Zahn des Unterkiefers in eine Lücke des Oberkiefers und ist auch bei geschlossenem Maul zu sehen.

Dass die Alligatoren als *die* amerikanischen Panzerechsen schlechthin gelten, liegt nur an einer Art: Der Mississippi-Alligator des südöstlichen Nordamerikas ist das einzige Krokodil, das sich inmitten einer von einer hochtechnisierten Gesellschaft geprägten Umwelt halten kann. Fünf weitere Alligator-Arten sind auf Süd- und Mittelamerika beschränkt. Um die siebte Art, den China-Alligator, zu treffen, muss man aber um den halben Globus reisen. Alligatoren sind also nicht auf die beiden amerikanischen Kontinente beschränkt. Und wie sieht es mit den Krokodilen aus? Sie besiedeln den Tropengürtel der gesamten Erde: Vier Arten kommen in Mittel- und Südamerika vor, drei in Afrika und sieben im indo-pazifischen Raum.

Also: Begegnen Sie in Südamerika einer der großen Panzerechsen, schauen Sie ihr auf die Zähne, falls Sie dazu noch Zeit haben. Erst dann können Sie sicher sein, ob das Krokodil ein Alligator ist.

KROKODILe weinen Krokodilstränen. Viele merkwürdige Geschichten wurzeln in der Antike, die der Krokodilstränen taucht aber anscheinend erst im 13. Jahrhundert, also im Mittelalter, auf. Bartholomaeus Anglicus, ein französischer Mönch, notierte, dass Krokodile Menschen zwar umbrächten, vor dem Fressen aber bitterlich über deren Tod weinten. Seitdem sind die „Krokodilstränen“ volkstümlich, wie auch diese englische Satire aus dem 16. Jahrhunderts belegt:

> Das fürchterliche Tier, das Krokodil genannt,
> wohnt in Ägypten nahe bei des Niles Strand.
> Bevor es wirklich frisst die heißersehnte Beute,
> tut es nach außen so, als ob's die Tat bereute,
> lässt heiße Tränen aus den falschen Augen dringen
> und hat doch nur im Sinn, zu töten und zu schlingen.

In diesem Sinne sind Krokodilstränen bis heute sprichwörtlich: Als Symbole vorgetäuschten Mitleids und geheuchelter Trauer. Dem Krokodil selbst liegen solche Emotionen denkbar fern. Es überwältigt seine Beute und verspeist sie, wie alle Fleischfresser, ohne irgend ein Anzeichen echter oder falscher Rührung.

Weinende Krokos – eine reine Erfindung? Nicht ganz. Die Tränendrüse der großen Reptilien ist zwar so klein und unauffällig, dass sich die Anatomen lange nicht einigen konnten, ob sie überhaupt vorhanden sei. Ihre Funktion – das Feuchthalten des Auges – wird aber zumindest teilweise von einer der Oberlippendrüsen, der Harderschen Drüse, wahrgenommen. Und hierzu schreibt der Reptilienforscher O. von Wettstein bereits im Jahr 1950: „Es verdient hier erwähnt zu werden, daß nach Reeses [eines Kollegen] eigenen Beobachtungen an Alligatoren, durch die Anstrengung beim Hinunterwürgen zu großer Bissen, das Sekret der Harderschen Drüsen in Form von „'Tränen" aus den Augen läuft – es gibt also ‚Krokodilstränen'.

Wer KRÖTEn anfasst, bekommt Warzen. Lurche haben eine feuchte Haut. Um nicht zum Nährboden für Bakterien und Schimmelrasen zu werden, sondern die Schleimdrüsen der Haut Abwehrstoffe ab, die eine Fremdbesiedlung mit Krankheitskeimen verhindern. Darüber hinaus verfügen viele Amphibien noch über wesentlich potentere Gifte, um Fressfeinde abzuschrecken (siehe Seite 60). Bei der heimischen Erdkröte sitzt die Giftküche beiderseits hinter den Augen, deutlich sichtbar als lang gezogene Wülste. Gequälte Kröten scheiden aus diesen Parotoiddrüsen einen Gift-Cocktail aus, der Augen, Nasen- und Mundschleimhäute reizt. Vermutlich haben brennende Schleimhäute in Verbindung mit der warzig erscheinenden Haut der Erdkröten die Mär von den Warzen erzeugenden Berührung entstehen lassen. Warzen bekommen Sie bei Krötenkontakt auf keinen Fall. Selbige werden durch Viren hervorgerufen, die nur von Mensch zu Mensch übertragen werden.

Unser Tipp: Sie können Kröten ruhig vorsichtig in die Hand nehmen – dabei kann gar nichts passieren (weder Ihnen noch der Kröte). Um die empfindlichen Schleimhäute zu schützen, vermeiden Sie aber, die Kröte zu küssen, auch wenn Sie dann auf Ihren Märchenprinzen verzichten müssen. Übrigens kommen Frosch- und Krötenküsser nicht nur im Märchen vor. Bufotenin, eines der von Kröten hergestellten Gifte, ist ein äußerst wirksames Halluzinogen. In Nordamerika sind zwei Kröten-Arten infolge der Nachstellungen Drogensüchtiger bereits gefährdet, die sich durch Krötenlecken einen straffreien Drogentrip verschaffen wollen. Wer weiß: Vielleicht war der Froschkönig in dem bekannten Märchen der Gebrüder Grimm ebenfalls nur eine Halluzination der Königstochter? Dann hätten wir endlich eine naturwissenschaftlich nachvollziehbare Erklärung dieser seltsamen Verwandlung.

LEBERtran wird aus Walen gewonnen.

Lebertran ist heutzutage etwas aus der Mode gekommen. In früheren Zeiten wurde das klare, gelblich gefärbte und leicht fischartig riechende Öl als Kräftigungsmittel manchem Heranwachsenden löffelweise eingeflösst. Andere alte Hausrezepte waren schlimmer, weil zum Teil von zweifelhafter Wirkung oder sogar schädlich. Lebertran ist mit seinem hohen Gehalt an ungesättigten Fettsäuren und den Vitaminen A, E und D dagegen durchaus gesund. Lieferanten des zuträglichen Öls sind aber nicht die Wale, sondern Fische. Einer davon ist der Kabeljau, dessen große Leber ihm als Speicherorgan für monatelange Fastenzeiten dient und bis zu fünfzig Prozent Fett enthält. Auch aus anderen Fisch-Arten wie dem Heilbutt wird Tran gewonnen. Haie müssen ebenfalls bluten. Sie haben keine Schwimmblase, mit denen zahlreiche andere Fische Auftrieb erzeugen und sich so tarieren können, dass sie ohne Energieaufwand im Wasser schweben (also weder sinken noch steigen). Zum Ausgleich besitzen viele Hai-Arten eine besonders große, fettreiche Leber, die für den nötigen Auftrieb sorgt. Beim Riesenhai, der viertausend Kilo schwer werden kann, wiegt allein die Leber fünf- bis sechshundert Kilogramm und enthält bis zu sechzig Prozent Öl. Auch andere Arten wie der bis zu acht Meter lange Eis- oder Grönlandhai werden zur Lebertran- und Vitamin A-Gewinnung genutzt.

Alle LEBEwesen sind sterblich.

Wo Leben ist, ist auch Tod. Beides scheint uns untrennbar verbunden, auch wenn wir mit unserem Schicksal hadern. Welche gewaltigen Anstrengungen werden unternommen, um den Tod etwas hinauszuzögern, wie viel Fantasien, Märchen ranken sich um die Unsterblichkeit, die uns Menschen von den Göttern scheidet!

Es gibt sie aber, die Unsterblichkeit, wenn auch nicht bei Menschen. Bakterien und viele Einzeller sind nämlich tatsächlich unsterblich. Das heißt nicht, dass sie überhaupt nicht totzukriegen sind. Wer gefressen wird oder einem anderen Unfall zum Opfer fällt, hat ein für alle Mal ausgespielt, auch als Einzeller. Aber potenziell leben sie ewig. Bakterien oder Einzeller, die sich fortpflanzen, teilen sich einfach, und zwar restlos. So entstehen zwei (manchmal auch mehrere) neue Organismen, in denen der alte fortlebt. Und so kann das, Unfälle vorbehalten, in alle Ewigkeit weitergehen. Altersschwäche oder natürlicher Tod sind nicht vorgesehen. Selbst misslichen Umweltbedingungen können manche Kleinlebewesen unglaublich lange trotzen, indem sie sich zu Dauerstadien, Sporen oder Cysten genannt, umwandeln. So ist es vor kurzem gelungen, ein Bakterium wieder aufzuwecken und zum Wachsen zu bringen, das etwa 250 Millionen Jahre im „Tiefschlaf" verbracht hat. Es überlebte als Dauerspore in einer wenige Millimeter großen, mit Salzlake gefüllten Blase, die in einem Kristall eingeschlossen war und in 560 Meter Tiefe in New Mexico gefunden wurde. Man muss sich das mal vorstellen: Ein Lebewesen, das die komplette Ära der Dinosaurier schlicht verpennt hat!

Auch bei einfachen Zellkolonien unter den Algen, die in fädigen oder flächigen Zellverbänden organisiert sind, können sich oftmals noch alle Einzelzellen autonom fortpflanzen. „Höhere" Organismen aber praktizieren Arbeitsteilung. Ihre Zellen sind keine Alleskönner mehr, sondern spezialisiert, was heißt, dass sie manches besser können als die anderen, und das, was sie schlechter oder gar nicht mehr können, von anderen Spezialisten erledigen lassen. Ein bekanntes Beispiel ist die Süßwasser bewohnende Kugelalge *Volvox*. Bei ihr bilden (je nach Art) mehrere hundert bis mehrere tausend untereinander vernetzte Einzelzellen eine Hohlkugel, die sogar mit bloßem

Auge sichtbar ist. Die meisten der in eine gelatinöse Grundsubstanz eingebetteten und miteinander über Plasmabrücken in Verbindung stehenden Einzelzellen können sich nicht mehr fortpflanzen. Das erledigen nur bestimmte Zellen, die sich an einem Pol der Kugel konzentrieren. Sie wandeln sich in Eier bzw. Spermatozoiden um. Nach der Befruchtung bilden sich im Innern der Mutterkugel kleine Tochterkugeln. Diese werden erst frei, wenn die Mutter platzt und stirbt. Zurück bleibt eine Leiche. Bei Lebewesen wie *Volvox* ist also „erstmals“ der Tod vorprogrammiert. Das scheint der Preis zu sein, den man für zunehmende Arbeitsteilung und Differenzierung innerhalb eines Organismus‘ zu zahlen hat. Ein hoher Preis für das Individuum (es verliert schließlich sein Leben), ein vernachlässigbar geringer vom Standpunkt der Gene aus betrachtet, denn für sie geht das Leben ja weiter, sie wechseln lediglich die Hülle. Die Zellen der so genannten „Keimbahn“ bilden eine ununterbrochene Kette von der befruchteten Eizelle zu den Keimzellen und wieder zur befruchteten Eizelle usw. Das ist der unsterbliche Kern, der in jedem Mehr- oder Vielzeller steckt – auch in uns.
Immerhin: Auch manche Vielzeller können es als Individuen auf ein respektables Alter bringen. Die älteste existierende Pflanze der Erde ist eine 4.900 Jahre alte Borstenkiefer in Nordamerika (siehe Seite 89). Daran schien sich kein Tier messen zu können. Ein Alter von mehr als hundert Jahren ist neben dem Menschen nur von ein paar Schildkröten-Arten und Fischen (Stör) hinreichend dokumentiert. Jetzt aber scheint ein Schwamm sie alle zu übertrumpfen. Schwämme sind sehr ursprünglich gebaute Vielzeller, bei denen die Differenzierung der Zellen wenig weit gediehen ist. Legendär ist ihre Fähigkeit, sich wieder zu regenerieren, nachdem sie durch ein Sieb passiert wurden. Und Schwämme sollen nach neuen Daten die Alterspräsidenten der Vielzeller sein. Über ihre Stoffwechselrate

wurde ihre Wachstumsgeschwindigkeit bestimmt, und dann über ihre Größe das Alter ermittelt. Dabei wurden einige Individuen verschiedener Schwamm-Arten entdeckt, die über hundert oder gar über tausend Jahre alt sein sollen. Stimmen Messungen und Rechnungen, ist der Rekordhalter ein fast zwei Meter hoher *Scolymastra joubini*-Schwamm aus antarktischen Gewässern: Ihm billigen die Altersforscher mehr als 10.000 Jahre zu!

MAGERrasen haben eine sehr karge Pflanzendecke.

Mager ist am Magerrasen zunächst nicht die Vegetation, sondern die Nährstoffausstattung des Bodens. Entsprechendes gilt für ihr Pendant, die Fettwiese, die durch gute Nährstoffversorgung ausgezeichnet ist. Aber natürlich prägt sich auch über der Erde aus, was sich im Untergrund abspielt. Und so macht das üppige, dichte Grün einer Fettwiese auf den ersten Blick schon mehr her als das etwas schütterer wirkende Pflanzenkleid der Magerrasen. Was dem Bauern recht ist, treibt dem Blumenfreund allerdings die Tränen in die Augen. Es gilt nämlich: Je knapper die Nährstoffe, desto größer die Artenvielfalt, desto bunter die Wiesen. Während es auf mageren Wiesen vor Pflanzen- und Tierleben nur so wimmelt, erweisen sich die fetten als grüne Wüsten, auf denen neben wenigen Gras-Arten nur Löwenzahn und Bärenklau gedeihen.

Wer den Wert einer Landschaft nicht nach Schönheit und Vielfalt, sondern nach Produktivität bemisst, wird trotzdem der Fettwiese den Vorrang geben. Gülle und Kunstdünger helfen nach, wo die Natur mit Nährstoffen gegeizt hat. Und so ist heute normal, was früher selten war: die Fettwiese. „Magere" Blumenwiesen dagegen findet man fast nur noch in Naturschutzgebieten.

MAMBAs holen galoppierende Pferde ein.

„Ein Brautpaar reitet in Afrika spazieren. Sie treffen im Gras eine schwarze Mamba, die sich bis zur Kopfhöhe ihrer Pferde aufrichtet. Sofort drehen sie auf der Hinterhand um, geben ihren Pferden die Sporen und jagen davon – die Mamba aber holt sie ein, beißt Bräutigam und Braut und beide Pferde. Alle tot." Dies ist nur eine der Geschichten, die Bernhard Grzimek in seinem vor fast fünfzig Jahren veröffentlichten Klassiker ‚Serengeti darf nicht sterben' über die Mamba erzählt – natürlich ohne sie selber zu glauben. Trotzdem hält sich die Mär von den angriffslustigen Mambas, denen kein Mensch zu Fuß entkommen könne, hartnäckig. Wie so oft haben die Geschichten aber einen wahren Kern. Die eingangs zitierte aus Afrika hat genau genommen sogar drei: Erstens: Wenn Mambas erregt sind, richten sie sich hoch auf und reißen drohend das Maul mit den Giftzähnen auf. Zwar schaffen sie es nicht auf Pferde-Kopfhöhe; wenn aber eine immerhin vier Meter lang werdende Schwarze Mamba, das Haupt einen halben Meter erhoben, auf einen zukriecht, kann man es schon mit der Angst bekommen. Zweitens: Mambas sind tatsächlich schnell. Gut elf Stundenkilometer wurden bei einer auf dem Boden kriechenden Mamba einmal gemessen. Da muss man schon joggen, um zu entkommen. Im Geäst von Bäumen, wo sie normalerweise leben, sollen sie gar noch schneller sein, jedoch scheinen auch hier mehr

Anekdoten als konkrete Daten vorzuliegen. Drittens: „Alle tot" – die Mambas gelten als die gefährlichsten Giftschlangen Afrikas. Nach einem Biss kann der Tod innerhalb einer knappen halben Stunde eintreten. Weit übertrieben wird allerdings die Angriffslust der Mamba-Arten, die ihr Heil gewöhnlich lieber in der Flucht suchen.

Der älteste Baum der Welt ist ein MAMMUTbaum.

Wie alt ein Baum ist, lässt sich leicht ermitteln, wenn er gefällt wurde. Dann heißt es einfach: Jahresringe abzählen. Im Frühjahr bildet der Baum Holz mit weitlumigen Leitbahnen, das im Querschnitt hell erscheint; später dominieren die dunkel aussehenden Festigungselemente (siehe Seite 15). Eine kleine Einschränkung hat diese Methode: Sie funktioniert nur in einem Klima mit deutlichen Jahreszeiten, die regelmäßige Wachstums- und Ruhephasen erzwingen, nicht aber in den äquatornahen tropischen Regenwäldern mit ihrem Tageszeitenklima, in dem viele Pflanzen nach anderen Rhythmen wachsen, blühen und fruchten.

Kernbohrungen erlauben eine Alterdiagnose, ohne dass der untersuchte Rekord-Kandidat gleich dran glauben muss. Dabei wird ein Hohlbohrer in den Baum gedreht, ein Bohrkern entnommen und die Wunde versiegelt, so dass der Baum nicht durch Pilzinfektionen geschädigt wird. Lange galten die gigantischen Mammutbäume (*Sequoia*) des westlichen Nordamerikas als die ältesten Bäume. Der älteste bekannte Mammutbaum ist etwa 2.200 Jahre alt, keimte also lange vor Christi Geburt – ein wahrhaft biblisches Alter. Der nahe verwandte Riesenmammutbaum (*Sequoiadendron*) wird sogar noch älter. Sein Rekord liegt bei etwa 3.500 Jahren – und stand bis ins Jahr 1954. Damals wurden nämlich in den White Mountains in Kalifor-

nien in über dreitausend Meter Höhe einige Borstenkiefern (*Pinus aristata*) entdeckt, die zwar weit weniger imposant aussahen als die Mammutbäume, aber über viertausend Jahre alt waren. Der dortige Methusalem, 4.200 Jahre alt, wurde später von einem Exemplar aus Nevada sogar noch übertroffen, das 4.900 Jahre alt ist.
Als Alterpräsidenten unserer Flora sind die Mammutbäume also entthront. Wie aber sieht es mit der Größe aus? 135 Meter soll der größte je ausgemessene Riesenmammutbaum gewesen sein, „Vater des Waldes“ genannt. Als höchster lebender Baum gilt zur Zeit mit 112 Metern ein im Redwood Creek Grove in Kalifornien wachsender Immergrüner Mammutbaum. Auch hier ist der Rekord aber nicht unumstritten. Eine harte Konkurrenz stellen einige australische Eukalyptus-Arten, die es ebenfalls über die Hundert-Meter-Marke schaffen, wenn auch einzelne Angaben von 150 Meter hohen Bäumen vermutlich ins Reich der Fabel gehören.

MÄNNCHEN sind bei Tieren immer größer als Weibchen.

Vielleicht ist es unser eigenes Erbe, das uns so selbstverständlich annehmen lässt, Männchen seien immer und von Natur aus größer als ihre Weibchen. Schließlich gilt das für uns Menschen, wenn auch nicht in jedem Einzelfall, so doch im statistischen Mittel. Paare aus kleinen Männern und wesentlich größeren Frauen erregen allemal Aufsehen, während wir den gegenteiligen Fall ganz normal finden. In unserer näheren Verwandtschaft sieht es nicht viel anders aus. Unter den Menschenaffen

pflegen Männer größer zu sein als Frauen. Ganz besonders auffällig ist das beim Gorilla. Männer wiegen hier 130 bis 250 Kilogramm (im Zoo neigen sie zur Korpulenz und können noch schwerer werden), Frauen mit sechzig bis hundert Kilogramm gerade mal halb so viel. Dagegen fallen die Unterschiede bei Bonobos, den „Zwergschimpansen“ Zentralafrikas, weit weniger ins Gewicht: Männer 33 bis 57, Frauen 28 bis 49 Kilogramm. Warum das so ist? Was dabei ganz sicher eine entscheidende Rolle spielt, ist das Sozial- und Sexualverhalten. Während die Gorillas als sanfte Machos gelten, die einen ganzen Harem regieren, scheint bei Bonobos Frauenpower Trumpf zu sein. Bei ihnen entscheiden die Frauen ganz wesentlich über Sexualkontakte. Wo aber Körperkraft und Durchsetzungsvermögen die Paarungschancen bestimmen und dazu ein Haremssystem wie das des Gorillas zahlreiche Männer vollständig von der Möglichkeit ausschließt, sich fortzupflanzen, züchtet die Evolution durch sexuelle Selektion „Übermänner“. Nur diese kommen zum Zug, nur diese geben ihr Erbgut weiter. Unter den Säugetieren können Sie zahlreiche weitere Beispiele finden, die sich so oder so ähnlich erklären lassen.
Ähnlich, wenn auch mit Frauen-Wahlrecht, funktioniert das bei manchen Vogelarten wie zum Beispiel dem Auerhahn. Hier treffen sich mehrere Hähne zur Gruppenbalz, interessiert beäugt von einem Trupp Hennen, die anschließend entscheiden, welchen Hahn sie am besten finden und erhören. Schicke, in den Augen der Hennen attraktive Hähne haben bessere Chancen – auch hier arbeitet die sexuelle Selektion daran, die Männchen immer üppiger auszustatten, weil damit ihr Erfolg bei den Frauen steigt.
Also doch: Männer immer größer? Abgesehen davon, dass es eine überaus große Zahl von Tierarten gibt, bei denen sich beide Geschlechter in der Größe kaum oder gar nicht unterscheiden – ohne genaue Daten zu haben, vermute ich, dass das sogar der Nor-

malfall ist – gibt es bereits unter den Vögeln einige interessante Ausnahmen mit größeren Weibchen und kleineren Männchen.
Eine bieten die Greifvögel. Ausgerechnet bei den Königen der Lüfte pflegen die Weibchen bei den meisten Arten die Männchen zu übertrumpfen, und zwar teilweise ganz erheblich. Dabei ist der Unterschied umso größer, je größer die Beute ist oder je mehr Vögel im Beutespektrum erscheinen, dagegen kleiner, wenn überwiegend Nagetiere oder Schlangen erbeutet werden. Am geringsten ist er bei Insekten jagenden und Aas fressenden Arten. Ein Beispiel: Beim heimischen Sperber, der hauptsächlich Vögel jagt, wiegen Männchen bei einer Spannweite von höchstens sechzig Zentimetern durchschnittlich um die 150 Gramm, Weibchen bei einer Spannweite von bis zu achtzig Zentimetern etwa 250 Gramm. Der Erklärungsversuche für dieses umgekehrte Größenverhältnis sind viele (wobei keiner so richtig überzeugend ist): Männchen und Weibchen haben unterschiedliche Beutespektren. Wenn die Sperbermännchen überwiegend Vögel in Spatzen- und Finkengröße schlagen, die Weibchen dagegen mit Drosseln und Tauben fertig werden, können sie durch diese Arbeitsteilung die Ressourcen ihres Brutreviers besser ausnutzen. Außerdem sind die Männchen, solange die Brut noch klein ist, „Alleinverdiener“, während das Weibchen am Nest die Jungen versorgt. Und kleinere Beute ist normalerweise häufiger als größere.
Betrachten wir Reptilien und Amphibien, bei denen die Sozialsysteme normalerweise wesentlich unkomplizierter sind als bei Vögeln und vor allem unter Säugetieren, kehren sich die Verhältnisse um. Hier stellen die Frauen gewöhnlich das starke Geschlecht. Eine sinnvolle Investition, denn größere Weibchen können mehr und besser versorgte Eier legen. Viele Wirbellose sehen das genauso. Bei vielen Insekten, noch auffälliger bei Spinnen, sind Weibchen größer als Männchen.

Zum Schluss dieses äußerst unvollständigen Streifzuges begeben wir uns in die Tiefsee, um dort eine der merkwürdigsten Arten kennen zu lernen, wie Mann und Frau miteinander umgehen. Die Beziehungen zwischen den Geschlechtern sind bei den Tiefseeanglern, eine Gruppe von gut hundert Arten in Wassertiefen unterhalb dreihundert Meter in allen Weltmeeren verbreiteter Fische, besonders extrem. Die Männchen sind winzig und zwicken sich, wenn sie ein Weibchen gefunden haben, mit klammerartigen Kieferfortsätzen an diesem fest. Bei einigen Arten verwachsen sowohl die Haut beider Tiere als auch ihre Blutkreisläufe miteinander – die Männchen hängen als parasitäre Zwerge an ihren Mutterschiffen und sind auf diese Weise völlig auf ihre Rolle als Spermaspender reduziert.

Auf dem Boden gelandete MAUERsegler können nicht mehr auffliegen.

Den Mauerseglern wurde bereits im ersten Irrtumsband ein kleiner Abschnitt gewidmet, um zu klären, dass die „Turmschwalben", wie sie im Volksmund genannt werden, trotz großer Ähnlichkeit nicht mit den echten Schwalben verwandt sind. Noch extremer als diese sind sie an ein Leben als Luftplankton-Jäger angepasst. Ihre winzigen Füße zusammen mit ihren überlangen Schwingen haben zu der verbreiteten Auffassung geführt, sie könnten, einmal versehentlich auf dem Boden gelandet, nicht wieder aus eigener Kraft starten. Man müsse einen gefundenen Mauersegler in die Luft werfen, um ihn auf diese

Weise vom elenden Tod zu erretten. Der wahre Kern dieser Geschichte liegt wohl darin, dass man selten einen gesunden Mauersegler am Boden findet, und dass durch Krankheit oder Hunger geschwächte, notgelandete Tiere tatsächlich kaum mehr in der Lage sind, abzuheben. Das gilt allerdings nicht für gesunde Mauersegler. Ich zitiere hier die „Ornithologen-Bibel", das ‚Handbuch der Vögel Mitteleuropas': „Gesunde Tiere starten mühelos vom Boden, sofern eine freie Strecke von zehn bis zwölf Meter vorhanden ist. Sie richten sich auf, stellen die Flügel fast senkrecht, schnellen mit einem kräftigen Abschlag hoch und streichen fledermausartig ab. Mit den Füßen kann sich der Vogel dreißig bis fünfzig Zentimeter hoch katapultieren oder einen Sprunglauf von etwa drei bis fünf Schritten unternehmen. Obwohl die Handschwingen zunächst die Unterlage berühren, stößt sich der Mauersegler nie mit den Flügeln vom Untergrund ab." Noch Fragen?

Der MAULwurf stirbt am Licht.

Das stimmt sogar gar nicht so selten, aber nicht, weil das Licht selber tödlich wirkt, sondern weil ein Maulwurf über der Erde seinen Feinden weitgehend hilflos ausgeliefert ist, während ihm im Boden eigentlich nichts zustoßen kann. Warum Maulwürfe trotzdem gelegentlich auftauchen? Zum Beispiel, weil die Jungen irgendwann einmal das Revier ihrer allmählich wieder ungesellig werdenden

Eltern verlassen müssen und umherstreifen, bevor sie ein eigenes Gangsystem anlegen. Oder weil Hochwasser die unterirdischen Gänge überschwemmt. Oder weil in trocken-heißen Sommern Regenwürmer inaktiv und lehmige Böden betonhart werden, so dass oberirdische Jagden notwendig werden.

Der MAULwurfshügel ist der Aus- und Eingang zum Maulwurfsbau.

Maulwürfe sind gewöhnlich Tiefbauer. Was über der Erde passiert, interessiert sie recht wenig. Und weil sie ihre Tunnel nur notfalls verlassen, brauchen sie keinen regulären Ein- oder Ausgang. Die meisten Maulwurfshügel sind Abraumhalden. Schließlich muss die abgegrabene Erde irgendwo entsorgt werden. Ein großer Teil davon wird an den Tunnelwänden verfestigt, ein kleinerer nach außen geschoben. Die mit lockerer Erde gefüllten Tunnelmündungen unter den Maulwurfshaufen dienen wohl auch der Frischluftzufuhr. In den unterirdischen Gängen ist der Sauerstoffgehalt um sechs bis acht Prozent geringer, der Kohlendioxidgehalt dagegen um ein Vielfaches höher als draußen. Zwar enthält Maulwurfsblut besonders viel Hämoglobin, das als Sauerstofftransporter arbeitet, aber ein wenig Lüftung kann trotzdem nicht schaden. Neben seinem Tunnelsystem, in dem der Maulwurf regelmäßig patrouilliert, um Nahrung zu suchen, finden sich unter der Erde Wohn- und Vor-

ratshöhlen. Die Nestkammer wird unter einem besonders großen Maulwurfshaufen angelegt, in sehr nassen Gegenden auch in demselben.

MEERkatzen sind Wasserraubtiere. Marcata, ein indisches Wort, bedeutet einfach Affe. Aus Marcata wurde im Norwegischen Marekatt, im Niederländische Meerkat, im Deutschen Meerkatze. Diese Deutung des Namens Meerkatze für die überaus vielfältige afrikanische Affenverwandtschaft der Gattung *Cercopithecus* gilt heute als wahrscheinlicher als die Ableitung von „katzenähnlichem Tier, das übers Meer kam."

Die heutigen MENSCHen stammen alle von einer Eva ab. Die Suche nach ihren eigenen Wurzeln hat die Menschheit immer fasziniert. Ich denke, dass es Ihnen ebenso geht, was mich ermutigt, hier einmal etwas weiter auszuholen und tiefer zu schürfen.

Aufschluss über den Gang der Geschichte geben vor allem Fossilien und Artefakte, von Menschen hergestellte Gegenstände also. Mit Feuereifer und einem unglaublichen Einsatz wird seit nahezu 150 Jahren intensiv und gezielt danach gefahndet. Trotzdem ist die Datenlage spärlich. Menschen waren über den weitaus größten Teil ihrer Geschichte selten, fossile Menschenreste sind es deshalb auch. Wie wir inzwischen wissen, hat sich ein großer Teil der Menschheitsgeschichte in Afrika abgespielt, wo sich die Fossilsuche weit schwieriger gestaltet als hierzulande. Weil sich ziemlich viele Forscher mit ziemlich wenigen Fossilien beschäftigen, werden wichtige Neufunde enthusiastisch gewürdigt und ihre Konsequenzen auf den Stammbaum in populärwissenschaftlichen Zeitschriften fast ebenso intensiv diskutiert wie in Fachkreisen.

Wer nur von den Zufälligkeiten der Fossilsuche abhängt, begrüßt begeistert jeden neuen Ansatz, aufschlussreiche Daten zu gewinnen. Ein solcher ist die Untersuchung der Erbsubstanz, die sich, zumindest in Bruchstücken, mit raffinierten labortechnischen Methoden auch noch in manchen alten Knochen aufspüren und vervielfältigen lässt. Das brachte zum Beispiel neue Erkenntnisse über unsere unklare Verwandtschaft mit dem Neanderthaler. Die Erbgutuntersuchungen legten nahe, dass wir nicht Vettern und Basen waren, sondern zwei verschiedenen Arten angehör(t)en. Leider haben diese Untersuchungen aber eine natürliche Grenze. Die Erbgutschnipsel halten nicht ewig – wie lange, ist wissenschaftlich noch umstritten. Dass nach einigen zehntausend Jahren noch Aussagen möglich sind, gilt als gesichert. Ob und wie weit man in den Bereich von Millionen Jahren vorstoßen kann und immer noch aussagekräftige Daten erhält, wird heftig diskutiert. Die Rekonstruktion der menschlichen Stammesgeschichte mittels DNA-Untersuchungen an Fossilien stößt also schnell an ihre Grenzen (DNA oder DNS = Desoxyribonucleinsäure = die Erbinformation tragenden Riesenmoleküle).

Stammesgeschichtlich aufschlussreich sind aber nicht nur Fossilien, sondern auch alle heute lebenden Organismen. Enge Verwandtschaft zeigt sich sowohl in äußerer Ähnlichkeit als auch in inneren Werten, einer weitgehenden Übereinstimmung der DNA nämlich. Innerhalb einer Art bestehen nur geringe Unterschiede im Erbgut (aber es gibt sie – schließlich sind wir keine Klone). Größere Differenzen kennzeichnen dagegen verschiedene Arten. Menschliches Erbgut und das des Schimpansen unterscheiden sich zum Beispiel um ein gutes Prozent. Anders ausgedrückt: Fast 99 Prozent unserer Gene haben wir gemeinsam, was unsere enge Verwandtschaft unterstreicht. Solche Unterschiede entstehen im Lauf der Zeit durch spontane kleine Änderungen am Erbgut, die als Mutationen bezeichnet werden. Nun haben die Molekularbiologen ein interessantes Konzept entwickelt, das der „molekularen Uhr“. Sie gehen dabei davon aus, dass die Mutationsrate, über lange Zeiträume betrachtet, einigermaßen konstant ist. Wenn dem so ist, kann aus der Verschiedenheit der DNA zweier verwandter Organismen berechnet werden, wann ihre letzte gemeinsame Stammart gelebt hat und wann sich ihre Wege getrennt haben. Derlei Daten brachten zum Beispiel für den Menschen und den Schimpansen Werte von 6,3 bis 7,7 Millionen Jahren, was von Paläontologen zunächst heftig angefochten wurde. Sie beharrten auf einer sehr viel länger zurückliegenden Trennung, mussten sich aber später von neu aufgefundenen Fossilien eines besseren belehren lassen: Die Molekularbiologen hatten Recht behalten.

DNA-Untersuchungen spielen auch eine große Rolle in einem alten Streit: Haben sich „moderne“ Menschen (also *Homo sapiens*, wie wir uns selbst nennen, um uns von allen Vorformen abzugrenzen) an verschiedenen Stellen der Erde entwickelt oder haben wir einen einzigen Ursprung? Dass sich in den letzten Jahren immer mehr die „Out-of-Africa“-Hypothese durchgesetzt hat, nach der *Homo sapiens* nur einen einzigen Ursprung hat und die Wiege des modernen Menschen in Afrika stand, von wo aus später der Rest der Welt besiedelt wurde, geht nicht zuletzt auf solche molekularbiologischen Daten zurück. Untersucht wurde dazu nicht die DNA des Zellkerns, sondern die der Mitochondrien, winzigen und kompliziert gebauten Zellorganen, die als „Kraftwerk der Zelle" gelten. Sie waren nach einer sehr plausiblen Theorie vor Milliarden Jahren noch selbstständige Organismen mit eigener Erbsubstanz, die später immer enger mit anderen Zellen kooperierten, bis sie schließlich Teil derselben wurden (siehe Seite 50). Die Mitochondrien-DNA (mtDNA) ist im Vergleich zu der im Zellkern winzig und eignet sich schon dadurch besser zu vielen Untersuchungen. Eine zweite Besonderheit: Sie wird nur über die mütterliche Linie vererbt. Bei der Verschmelzung von Ei- und Samenzelle setzt letztere nur ihren Kern ein, während die Eizelle auch Mitochondrien mit in die Ehe bringt. Und hier kommt endlich die in der Überschrift zitierte Eva ins Spiel. Über mtDNA lässt sich nämlich aus besagtem Grund nur die weibliche Abstammungslinie rekonstruieren.

„Eva", nicht von ungefähr nach der Stammmutter aller Menschen in der biblischen Schöpfungsgeschichte so benannt, wurde im Januar 1987 in die wissenschaftliche Diskussion geschubst. Nach der Untersuchung der mtDNA von 147 über die ganze Welt verteilten Personen resümierten Allan Wilson, einer der Pioniere dieser Forschungsrichtung, und seine Mitarbeiter: „Alle diese Mitochondrien-DNAs stammen von einer einzigen Frau ab, die vor etwa 200.000 Jahren gelebt haben dürfte – wahrscheinlich in Afrika." Klar, dass sich nicht nur die Fachkollegen, sondern auch die Presse auf diese flugs „Eva der Mitochondrien" oder einfach Eva getaufte Ur-Ur-Ur-...oma stürzten. Ein kluger Kunstgriff der Forscher, der ihren Ergebnissen weit über die engen Fachgrenzen hinaus Aufmerksamkeit sicherte. Hier trafen sich endlich biologische und biblische Vorstellungen in einem ebenso plakativen wie archaischen Bild: dem unserer aller afrikanischer Urmutter, der Eva, die die gesamte Menschheit hervorgebracht hatte.

Dass dieses Bild zu schön ist, um wahr zu sein, hat der Wissenschaftspublizist Roger Lewin mit einem einfachen Gedankenspiel klargestellt: „Stellen Sie sich eine Population aus etwa fünftausend Paaren vor, von denen jedes einen anderen Familiennamen hat. Diese Population soll über die Zeit stabil sein (das heißt, jedes Paar hat zwei Nachkommen). In jeder Generation wird durchschnittlich ein Viertel aller Paare zwei Jungen haben, die Hälfte einen Jungen und ein Mädchen und ein Viertel zwei Mädchen. Angenommen, die Nachkommen erhalten stets den Nachnamen des Vaters. In der ersten Generation geht daher ein Viertel der Familiennamen verloren [nämlich der Name derer, die zwei Mädchen haben]. Die Anzahl der Namen nimmt von Generation zu Generation ab, wenn auch mit nachlassender Geschwindigkeit. Nach etwa 10.000 Generationen (doppelt so vielen, wie es in der Ausgangspopulation Frauen gab) wird nur noch ein Nachname übrig sein. Das gleiche Muster gilt für den Verlust von Mitochondrien-DNA-Typen, nur dass die Weitergabe hier in der weiblichen Linie erfolgt." Dieses kleine Rechenexempel macht deutlich, dass wir wohl kaum alle von einer einzigen „Eva" abstammen, sondern von einer ganzen Menschenpopulation, die nicht mal besonders klein gewesen sein muss. Das aber hatte Wilson, wenn wir genau nachlesen, auch gar nicht behauptet. Er sprach schließlich nicht von unserer gemeinsamen Herkunft von einer einzigen Frau, sondern von der Abstammung der mtDNA von einer solchen – ein kleiner, aber höchst gewichtiger Unterschied, der im populären Blätterwald allzu schnell übersehen wurde. Auch sollten wir nicht verhehlen, dass manche Wissenschaftler mit dieser Darstellung der Geschichte überhaupt und grundsätzlich nicht einverstanden sind und sogar den gemeinsamen Ursprung in Afrika bezweifeln. Das allerletzte Wort zu Eva ist also noch nicht gesprochen.

NATURschutzgebiete sind immer besonders artenreich. Der Naturschutz hat sich den Erhalt der Vielfalt des Lebens auf die Fahnen geschrieben. Logisch erscheint deshalb, dass den Brennpunkten der Artenvielfalt auch das brennendste Interesse der Naturschutzorganisationen gilt. Ihr weltweit wichtigstes Projekt ist der Erhalt tropischer Regenwälder mit ihrer überwältigenden Artenfülle.

Aber gilt deshalb auch der Umkehrschluss: Artenarme Gebiete sind weniger schützenswert? Ausgerechnet das größte Naturschutzgebiet Mitteleuropas kann nur mit relativ geringen Artenzahlen aufwarten: das Wattenmeer, das den südlichen und östlichen Rand der Nordsee von den Niederlanden bis Dänemark säumt. Ein extremer, von den Gezeiten geprägter Lebensraum, in dem sich alle Organismen mit ständig wechselnder Feuchtigkeit oder Austrocknung, stark schwankendem Salzgehalt und plötzlichen Temperaturänderungen auseinandersetzen müssen. Ein Lebensraum überdies, der ständig von Ebbe und Flut umgebaut, durch Stürme verwirbelt und von Eisgang abgehobelt wird. Nur wenige Arten vermögen dem standzuhalten. Diese aber kommen zum Teil in ungeheuerer Dichte vor und sind damit Grundlage zahlreicher Nutznießer. Manche Watvogel-Arten machen hier wochenlang Pause, um sich vom Brutgeschäft in der arktischen Tundra zu erholen und neue Kräfte für den langen Flug ins tropische Afrika zu sammeln. Bei einigen von ihnen rastet im Frühjahr und Herbst ein erheblicher Teil des gesamten Weltbestandes im Wattenmeer und belebt dessen nur scheinbare Öde.

Schwarze PANTHER bilden eine eigene Art. Welche Färbung ein Tier hat, ist Teil seines im Erbgut fixierten Bauplans. Bei vielen Tieren ist die Variabilität gering; sie sehen immer mehr oder weniger gleich aus. Bei anderen dagegen ist eine gewisse Vielfalt gegeben. Manche Vogelarten, wie zum Beispiel Waldkäuze oder Schmarotzerraubmöwen, treten in verschiedenen Farbvarianten auf. Bei Zuchtformen gehört die Fell- oder Gefiederfärbung zu den am stärksten variierenden Merkmalen, ein Zeichen dafür, dass es in freier Wildbahn vielleicht gar nicht so sehr an der Variabilität mangelt, sondern natürliche Selektion (etwa durch Beutegreifer oder Fraßfeinde) für den Erhalt der optimalen Färbung sorgt.
Nicht allzu selten ist ein allgemeines „zu wenig" an dunklen Farbstoffen, was aufgehellte und dadurch ziemlich bleich wirkende Individuen entstehen lässt, oder, umgekehrt, ein „zu viel", was zu Schwärzlingen führt. Und eben das ist ein Schwarzer Panther: ein zu dunkel geratener Panther, ein schwärzlicher Leopard also. Bei guter Beleuchtung ist meist zu erkennen, dass unter der schwarzen Farbe noch das klassische Fleckendesign des normal gefärbten Leoparden durchschimmert. Auch beim südamerikanischen Bruder des in Afrika und Asien verbreiteten Leoparden, beim Jaguar, kommen solche Schwärzlinge nicht allzu selten vor.

PAPAGEIen werden älter als Menschen. In der Tat beeindrucken manche Papageien durch hohes Alter, was angesichts der Schnelllebigkeit vieler Stubenvögel den Eindruck ewigen Lebens vermitteln kann. Aber gerade angesichts solcher Werte neigen wir zur Übertreibung. So wie sich Maße und Masse von Blauwal und Elefant ins nahezu

Unermessliche steigern, glaubt man Walfängern und Jägern, wird auch das Lebensalter von Papageien vermutlich oft übertrieben. Einigkeit zwischen Sensationshaschern und Wissenschaftlern besteht aber darin, dass sich unter den Papageien die langlebigsten Vogelarten finden, knapp gefolgt von den Rabenvögeln, den Eulen und den Greifvögeln – jedenfalls wenn man Werte aus der Gefangenschaftshaltung zugrunde legt. Weitgehende Übereinstimmung besteht auch darüber, dass innerhalb der Papageien der Gelbhaubenkakadu Alterspräsident ist. Nur an der entscheidenden Stelle klafft leider eine Datenlücke. Vorsichtige Ornithologen gestehen nur zu, dass die großen weißen Kakadus über fünfzig Jahre alt werden, aber auch die Angabe von mindestens achtzig Jahren ist in den Fachbüchern zu finden. Weiter scheint sich aber kein Wissenschaftler vorzuwagen.

Populäre Darstellungen, die den Papageien ein Höchstalter von weit über hundert Jahren zubilligen, müssen auf den offiziellen Segen der Wissenschaft verzichten, weil sie nicht glaubwürdig zu belegen sind. Und so halten wir als vorläufiges Endergebnis fest: Manche Papageien stoßen in Bereiche vor, in denen wir auch Menschen als alt bezeichnen. Das verbürgte Höchstalter des Menschen, das weit jenseits der Hundert liegt, scheinen sie aber nicht zu erreichen.

P

PELIKANe füttern ihre Jungen mit Blut.

Auch wenn heutzutage wohl keiner mehr diesem Märchen aufsitzt, ist es nicht uninteressant, seiner Entstehung nachzugehen. Immerhin hat es auch Eingang in die christliche Mythologie gefunden. Zunächst aber die Geschichte, wie sie im Physiologus, dem ältesten christlichen Tierbuch aus dem 3. Jahrhundert n. Chr., erzählt und von dem Züricher Literaturwissenschaftler Rudolf Schenda so wiedergegeben wird: „Wenn er [der Pelikan] die Jungen hervorgebracht hat, dann picken diese, sobald sie nur ein wenig zunehmen, ihren Eltern ins Gesicht. Die Eltern aber hacken zurück und töten sie. Nachher jedoch tut es ihnen leid. Drei Tage trauern sie um die Kinder, die sie getötet haben. Nach dem dritten Tag aber geht die Mutter hin und reißt sich selber die Flanke auf, und ihr Blut tropft auf die toten Leiber der Jungen und erweckt sie.“ Nach einer anderen Quelle tötet das Weibchen des Pelikans seine Jungen durch stürmische Liebkosungen, worauf das Männchen mit dem Schnabel die eigene Brust aufreißt. Das herausrinnende Blut erweckt die toten Jungen wieder zum Leben.

Als Sinnbild Jesu, der sein Blut für die Erlösung der Menschen vergießt, taucht der Pelikan in der mittelalterlicher Kunst verschiedentlich auf, so zum Beispiel im Freiburger Münster.

Hat diese Legende überhaupt einen naturwissenschaftlichen Kern? Dass die jungen Pelikane den Eltern ins Gesicht picken, stimmt jedenfalls. Sie bedienen sich oft direkt aus deren Kehle mit Fischen, die aus dem Kropf hochgewürgt werden. Es macht schon einen ziemlich martialischen Eindruck, wenn die Jungen ihren auch schon recht großen Schnabel weit in den des Altvogels rammen. Schwieriger zu deuten ist die Sache mit dem Blut. Vielleicht beruht sie auf Beobachtungen, dass Pelikane vorverdaute Fischnahrung hervorwürgen, die oft rötlich aussieht. Möglich auch, dass der gelblich bis rostrot gefärbte Brustfleck, den beide in Europa vorkommende Arten, Rosa- und Krauskopfpelikan, tragen, die Assoziation mit einer blutig aufgerissenen Brust haben entstehen lassen.

Bei PFERDen sind die Hengste die Leittiere der Herde.

Wir kennen das aus eigener Erfahrung: Die Machtverhältnisse in Familien können unter dem Mantel der herrschenden Konventionen äußerst kompliziert sein. Ganz so einfach, wie es zunächst aussieht, geht es auch bei Pferden nicht zu. Zwar gesteht die innerfamiliäre Rangordnung dem Hengst die dominierende Rolle zu. Aber wenn sich die Herde – ein Familienverband aus einem Hengst, mehreren Stuten und den dazu gehörenden Fohlen – auf den Weg macht, bestimmt die ranghöchste Stute, wo es langgeht. Sie entscheidet, welche Richtung eingeschlagen wird, wo und wie lange geweidet wird oder ob es jetzt an der Zeit ist, eine Wasserstelle aufzusuchen. Maßt sich eine rangniedere Stute die Führerrolle an, droht die Leitstute mit Zähnen und Hufen; hartnäckigere Widersacherinnen müssen mit Rempeleien oder gar Kämpfen rechnen. Und der Hengst, der „Herr der Herde“? Er geht meist am Schluss und beschließt den Zug. Nur wenn das Gelände unübersichtlich und damit gefährlich wird, darf er die Herde anführen.

P

Kaltblut-PFERDe haben kaltes Blut.

Auch der kaltblütigste Mörder hat eine durchschnittliche Körpertemperatur von 37 Grad Celsius, kein Grad weniger als ein Hitzkopf, dem gelegentlich das Blut kocht. Ebenso die Kalt- und Warmblüter unter den Pferden. Der Rossdoktor wird mit seinem Thermometer keine Unterschiede feststellen können. Ob eine Pferderasse als Kalt-, Warm- oder Vollblüter bezeichnet wird, ist eine reine Temperamentfrage. Die klassischen Brauereigäule, groß, schwer, kräftig und durch nichts aus der Ruhe zu bringen, sind typische Kaltblüter. Dazu kontrastierend beherrschen die grazilen und nervösen Araber-Vollblüter die Rennbahn.

Auch Menschen mussten, ausgehend vom klassischen Altertum, solche Klassifizierungen über sich ergehen lassen. Je nachdem, welche Körpersäfte in ihnen vorherrschten, falle ihr Temperament aus, lehrte zum Beispiel der griechische Arzt Hippokrates. Der Choleriker sei ausgezeichnet durch einen Überfluss an Schleim, zuviel gelbe oder schwarze Galle lasse Phlegmatiker bzw. Melancholiker entstehen und herrsche das Blut vor, sei der Mensch ein Sanguiniker (lat. sanguis = Blut): leichtblütig, heiter, lebhaft und zugänglich. Der Umkehrschluss vom Temperament auf die Beschaffenheit und Temperatur des Blutes bei den Pferden lag damit nahe.

PFLANZEn können sich nicht bewegen. Es ist unsere Ungeduld, die uns viele Pflanzenbewegungen einfach übersehen lässt. Wenn Triebe zum Licht streben, Ranken kreisend nach Stützen suchen und sich um solche schlingen oder Blüten sich morgens öffnen und abends schließen (siehe Seite 24) sind das langsame, auf Wachstum beruhende Vorgänge, die sich einer unmittelbaren Wahrnehmung leicht entziehen. Pflanzen können aber auch schneller sein, viel schneller sogar. Die Venusfliegenfalle klappt ihre beiden Blatthälften blitzartig zusammen, sobald ein Insekt eines der sechs Fühlhaare auf der Blattoberfläche berührt. Dabei verschränken sich die Stachelsäume beider Blattränder und formen so einen Käfig. Anschließend wölben sich die Blattflächen nach innen, so dass die gefangenen Insekten gegen die Käfigwände gepresst und durch Verdauungsenzyme aufgelöst werden. Eine Fünfzigstelsekunde brauchen die Fühlhaare, um einen Reiz weiterzugeben, eine Zehntelsekunde später ist die Falle bereits zugeschnappt. Ein weiteres, klassisches Beispiel: die Mimose. Sie klappt bei Reizung ihre Fiederblättchen zusammen und lässt sie hängen. Die Informationsübermittlung geschieht elektrisch, ähnlich wie in den Nerven der Tiere. Ursache der schnellen Bewegungen ist dann eine Änderung des Zellinnendrucks (Turgor) als Folge eines geänderten Ionendurchflusses durch die Zellmembranen.

Mimose und Venusfliegenfalle kehren nach einiger Zeit wieder in die Ruhestellung zurück. Andere Pflanzenbewegungen sind einmalig: Spannungen werden allmählich aufgebaut und lösen sich explosiv. Oft stehen sie in Zusammenhang mit der Verbreitung von Samen. Ein bekanntes Beispiel aus der heimischen Flora: Das Springkraut *Impatiens noli-tangere* (der lateinische Namen bedeutet zu Deutsch: „das ungeduldige Rühr-mich-nicht-an“), das seine reifen Samen auf diese Weise meterweit wegschleudert. Oder die mediterrane Spitz-

gurke, deren taubeneigroße Früchte unter enormem Druck stehen. Lösen sie sich vom Stiel, entleeren sie sich wie eine gut geschüttelte Sektflasche. Wie Raketen gehen sie los, während die Samen hinten herausgeschleudert werden und bis zu zwölf Meter weit fliegen.
Wenigstens kurz erwähnt werden soll, dass es auch zahlreiche Pflanzen gibt, die sich wie Tiere gänzlich frei und ungebunden bewegen. Um ihnen auf die Spur zu kommen, benötigen wir allerdings eine Pfütze und ein Mikroskop. Dann sehen wir sie wimmeln und schwimmen. Als Pflanzen sind die einzelligen Algen sofort an ihren grünen Farbstoffen zu erkennen, mit deren Hilfe sie Energie gewinnen – der fundamentale Unterschied zu den Tieren.

PILZe sind Pflanzen. Tausende von Jahren wurde die belebte Welt in Pflanzen und Tiere eingeteilt. Dabei landete alles bei den Pflanzen, was offensichtlich kein Tier war, also auch die Pilze und (nach ihrer Entdeckung) zunächst auch die Bakterien. Inzwischen ist die alte Ordnung endgültig gesprengt. Aus den zwei Reichen sind fünf geworden. Zu den Tieren und Pflanzen kamen als neue Einheiten die Monera (zellkernlose Lebewesen wie Archaebakterien, Bakterien und Blau„algen“), die Protista oder Protoctista (eine Sammelgruppe für zahlreiche Einzeller und Algen) und die Pilze. Manche Biologen unterscheiden noch mehr Reiche als diese fünf, was vor allem der Verschiedenheit der Bakterien und der heillosen Vielfalt der Protista zuzuschreiben ist, von denen manche den Pflanzen bis ins Detail ähneln (zum Beispiel die Grünalgen, deren einzellige Vertreter deshalb im vorigen Abschnitt, wie früher üblich, kurzerhand den Pflanzen zugeschlagen wurden).
Was unterscheidet nun Pflanze und Pilz? Angesichts der unglaublichen Vielfalt der Pilze fällt es schwer, allgemein gültige Antworten zu

geben. Schließlich reicht die Spanne der Lebensformen von der einzelligen Hefe bis zum kompliziert aufgebauten Hutpilz. Allen Pilzen fehlt jedoch das Blattgrün und damit die Möglichkeit, Sonnenenergie auszunutzen und Fotosynthese zu betreiben. Ihre normale Wuchsform ist meist ein Fadengeflecht, das Mycel, das sich später, ohne ein echtes Gewebe zu bilden, zu mehr oder weniger kompakten Fruchtkörpern zusammenfügt – diese sind landläufig als „Pilze" bekannt, während der im Verborgenen wachsende eigentliche Pilz, das Mycel, übersehen wird. In den Fruchtkörpern werden die Vermehrungseinheiten gebildet, die Sporen, die auf ganz andere Weise zustande kommen als die der Moose und Farne (die beide zu den Pflanzen gehören). Nicht genug damit, dass Pflanzen und Pilze also inzwischen offiziell geschieden sind, deuten molekularbiologische Befunde sogar auf ein engere Verwandtschaft von Tieren und Pilzen, die vermutlich auf einen gemeinsamen Vorfahren zurückblicken können.

PONYs sind keine Pferde. Entscheidend ist allein die Größe. Pferde mit einer Schulterhöhe (oder Stockmaß, wie die Reiter sagen) bis 1,48 Meter sind Ponys. Sind sie größer, heißen Pferde Pferd. Ponys sind also nichts anderes als kleine Rassen des Hauspferdes. Typische Vertreter sind die Shetlandponys, die unter 1,17 Meter bleiben, und die Islandponys, die zwischen 1,20 und 1,34 Meter hoch sind. Aber auch Haflinger und Fjordpferde mit einem Stockmaß zwischen 1,35 und 1,48 Meter zählen dazu. Hervorgegangen sind sämtliche Pferderassen im Lauf weniger Jahrtausende aus dem Wildpferd (*Equus przewalskii*). Lediglich menschliche Zuchtwahl sorgte dafür, dass die Unterschiede der einzelnen Rassen (und mithin auch der „Unterschied" zwischen Pony und Pferd) entstand und erhalten bleibt.

Q

Der QUASTENflosser

Latimeria spaziert mit seinen muskulösen Flossen auf dem Meeresgrund herum. Wenigen Tieren ist es so lange gelungen, den Menschen zu narren, wie den sagenumwobenen Quastenflossern. Fossil sind sie seit langem gut bekannt. Sie galten aber seit siebzig Millionen Jahren als ausgestorben – bis am 22.12.1938 ein solcher Fisch vor der südafrikanischen Küste ins Fischernetz ging. Eine intensive Suche nach dem per Steckbrief zur Fahndung ausgeschriebenen gut meterlangen Urfisch wurde erst nach Jahren von Erfolg gekrönt. Sein natürlicher Lebensraum sind die steilen Unterwasserhänge der vulkanisch entstandenen Komoren, einer Inselgruppe zwischen Afrika und Madagaskar. Nicht weniger überraschend war der erst vor wenigen Jahren gelungene Nachweis von Quastenflossern auf der anderen Seite des Indischen Ozeans in Indonesien.

Stammesgeschichtlich sind Quastenflosser besonders spannende Fische: Viele Indizien deuten darauf hin, dass unter ihren fossilen Verwandten die Vorfahren aller Landwirbeltiere zu suchen sind (und damit auch unsere eigenen). Ihre namengebenden Quastenflossen bergen, anders als normale Fischflossen, keine strahlenförmig angeordneten Gräten, sondern ein Knochengerüst, das sich bereits mit dem typischen Arm- und Beinskelett eines Landwirbeltiers vergleichen lässt. Daher auch die populäre Vorstellung des Urfisches, der mithilfe dieser Urbeinchen einem Lurch gleich über den Gewässergrund krabbelt. Die Filmaufnahmen des Meeresbiologen Hans Fricke zeigten anderes, nämlich den Einsatz der sechs Quastenflossen als wunderbar aufeinander ein-

gespielte Schwimmflossen, die äußerst präzises Manövrieren zulassen. Beim historischen Landgang vor etwa 370 Millionen Jahren kam es also neben dem Verlust zweier Flossen zu einem allmählichen Funktionswechsel der vier restlichen, wobei ihr stabiles Stützskelett und der „Kreuzgang“ der Quastenflosser diesen sicher erleichterten. Beim Kreuzgang werden zur Fortbewegung gleichzeitig links-hinten und rechts-vorne bzw. rechts-hinten und links-vorne nach vorne bewegt. So laufen die meisten Landwirbeltiere – und so bewegt auch *Latimeria* beim Schwimmen ihre Flossen.

RABEn sind überall häufig. In der Umgangssprache zählen alle großen schwarzen Vögel zu den Raben. Sowohl der Vogel- als auch der Volkskundler differenzieren hier. Sie behalten den Namen Rabe dem Kolkraben vor, dem bussardgroßen Wotansvogel, dem Begleiter der germanischen Götter. Der schwarze Mythenvogel ist der weitaus größte und gleichzeitig der seltenste aller Rabenvögel in Mitteleuropa. Heftige Verfolgung ließ das Verbreitungsgebiet des Kolkraben bei uns auf wenige Gebiete in den Alpen und in der norddeutschen Tiefebene zusammenschrumpfen. Rigide Naturschutzgesetze und eine Imagekampagne sorgen aber seit einigen Jahrzehnten zum Glück wieder für eine Rückkehr des faszinierenden Vogels in seine angestammten Brutgebiete.

Was landläufig als Rabe läuft, ist die kleinere Verwandtschaft des Kolkraben, die Krähe. Oder, genauer gesagt, die Krähen, denn es gibt zwei einheimische Arten, die Saatkrähe und die Aaskrähe (von der noch kleineren Dohle mit ihrem grauen Nacken können wir hier absehen). Die Aaskrähe ist eben dabei, sich wiederum in zwei Arten aufzuspalten, die im Westen verbreitete Rabenkrähe, die mit ihrem schimmernd-schwarzen Gefieder tatsächlich einer kleineren Ausgabe des Kolkraben gleicht, und die östliche Nebelkrähe mit einem grau gefärbten Körper. Beide sind, im Gegensatz zum Kolkraben, echte Allerweltsvögel, die, vom geschlossenen Wald einmal abgesehen, nirgends fehlen. Beide lassen sich auch leicht am Ruf vom Raben unterscheiden. Das tiefe sonore Rufen des Kolkraben ist ebenso unverkennbar wie das, nun ja, etwas ordinäre Krächzen seiner kleineren Verwandten.

RATTEn und Mäuse gehören zu verschiedenen Tiergruppen.

Hier haben wir ein ähnliches „Problem" wie bei Pferden und Ponys (siehe Seite 109) und auch die Lösung scheint dieselbe: Allein die Größe macht den Unterschied. Bei knapp fünfzehn Zentimeter Körperlänge scheint die magische Grenze zu liegen. Was kleiner ist, bezeichnen wir mehr oder weniger spontan als Maus, größere Tiere als Ratte. Im Grenzbereich tun wir uns schwer: Die heimische Schermaus läuft auch unter dem Namen Wasserratte.

Und was sagen die Zoologen dazu? Sie teilen die Welt in Gruppen verwandter Arten ein, die auf eine gemeinsame Abstammung zurückgehen. Nahe verwandte Arten werden in Gattungen zusammengefasst, nahe verwandte Gattungen in Familien. Eine solche Familie, und zwar mit 480 Arten eine besonders erfolgreiche, ist die der Echten Mäuse (Muridae). Zu ihr gehören zum Beispiel die beiden heimischen Ratten-Arten Wanderratte (*Rattus norvegicus*) und Hausratte (*Rattus rattus*), deren engere Verwandtschaft durch den gemeinsam geführten Gattungsnamen *Rattus* belegt wird. Zu ihr zählen aber auch zahlreiche heimische Mäuse-Arten wie Hausmaus (*Mus musculus*), Waldmaus (*Apodemus sylvaticus*) oder Zwergmaus (*Micromys minutus*). Schon deren unterschiedliche Gattungsnamen verraten, dass zwischen diesen Mäusen keine nähere Verwandtschaft bestehen muss als zwischen ihnen und den Ratten. Dagegen liegen zwischen der Feldmaus und der Hausmaus Welten – erstere gehört nämlich nicht einmal der Familie der Echten Mäuse an, sondern zusammen mit Schermaus, Lemming und Hamster der Familie der Wühler. Fazit: Was im Hausgebrauch eine brauchbare Unterscheidung sein mag – nämlich die Größe – ist für den Biologen völlig irrelevant.

RAUBtiere kontrollieren den Bestand ihrer Beute und können sie ausrotten.

In keinem Lehrbuch der Ökologie fehlt das berühmte Diagramm, das den Bestand von Schneeschuhhasen und Luchsen in Kanada im Verlauf von nahezu hundert Jahren zwischen 1845 und 1935 zeigt. Es ist, nebenbei bemerkt, nicht das Ergebnis einer wissenschaftlichen Langzeitstudie, sondern entspringt einfach der Statistik der Pelzjäger und belegt, dass der Hasenbestand keineswegs konstant blieb, sondern enorme Schwankungen aufwies. Dabei lösten sich „Hasenberge" mit Jagdstrecken von 80.000 bis 150.000 Tieren und „Hasentäler" ab, in denen nur wenige tausend Mümmelmänner erlegt wurden. Von Berg zu Berg bzw. von Tal zu Tal verstrichen dabei jeweils etwa zehn Jahre. Jetzt zum Luchs, neben den Pelzjägern einem weiterem Liebhaber der armen Hasen: Seine Bestandskurve sieht ganz ähnlich aus, wenn auch jeweils ein oder zwei Jahre versetzt. Das scheint auch logisch: Gibt es mehr Hasen, werden mehr Luchse satt; ihre Sterblichkeit sinkt, mehr Nachwuchs überlebt, der Bestand steigt. Und nun fressen viele Luchse so viele Hasen, dass die wieder seltener werden, worauf auch die Luchse nicht mehr so viel zu beißen haben und ihrerseits zurückgehen, worauf es wieder mehr Hasen gibt usw. Nach diesem Modell würden

sich also die Populationen von Räuber und Beute gegenseitig steuern. Klingt gut, stimmt aber nicht ganz. Denn in Gebieten, in denen keine Luchse vorkamen oder Jäger sie ausgerottet hatten, schwankte der Schneeschuhhasenbestand ebenso. Dafür müssen also ganz andere Faktoren als der des Feinddrucks verantwortlich sein. In diesem Licht betrachtet wird klar: Nicht der Bestand des Luchses kontrolliert den des Hasen, sondern der Bestand des Hasen den des Luchses – eine glatte Umkehr der gängigen Anschauung!
Solche Verhältnisse finden wir nicht nur im fernen Kanada, sondern auch vor unserer eigenen Haustür. Ob eine Schleiereule sieben Junge großzieht oder nur zwei (oder ob sie die Brut gar ganz ausfallen lässt), hängt von der Zahl der Mäuse ab, die ebenso wie die kanadischen Hasen enorme Häufigkeitsschwankungen durchmachen. Auch hier profitieren die Beutegreifer, ohne für das Auf und Ab verantwortlich zu sein. Also: Entlastung auf der ganzen Linie für das einst verfemte „Raubzeug" mit spitzen Zähnen, krummen Schnäbeln und langen Krallen!
Problematisch wird es allerdings dort, wo Ökosysteme zerrüttet werden und Tierarten aus vielerlei Gründen unter Druck kommen. Verständlich, dass die deutschen Jäger jedes vom Habicht geschlagene Birkhuhn beweinen. Nur: Was hat das Birkhuhn in Mitteleuropa an den Rand des Aussterbens gebracht? Warum brechen die Hasenbestände ein? Wer hier auf Fuchs und Habicht zeigt, hat zu kurz gedacht. Nicht verhehlen möchte ich, dass die Aussage in der Überschrift gelegentlich auch stimmt, wenn auch kaum unter natürlichen Umständen. Solche Katastrophen passieren, wenn sich auf ozeanischen Inseln, die lange vom Weltgeschehen isoliert waren, der Mensch einmischt und fremde Tierarten einschleppt. Auf Stephens Island, einer kleinen Insel zwischen dem nördlichen und südlichen Neuseeland, war es die Katze des Leuchtturmwärters, die den ge-

samten Weltbestand des nur dort vorkommenden flugunfähigen Stephens-Zaunkönigs vernichtete. Und auf der Pazifikinsel Guam brachte eine eingeschleppte Schlangenart einigen Vogelformen den Artentod.

REGENwälder gibt es nur in den Tropen.

Sagt man Regenwald, meint man gewöhnlich den tropischen, die einst als ebenso unermesslich wie undurchdringlich geltende „Grüne Hölle“ der äquatorialen Gebiete. Heute stellen wir mit Erschrecken fest, wie die tropischen Regenwälder des Kongobeckens, des Amazonas-Tieflandes und der südostasiatischen Inselwelt unter dem Ansturm der Kettensägen schwinden. Regenwald wächst dort, wo viel Regen fällt, und zwar mindestens zweitausend Liter pro Jahr und Quadratmeter (das ist grob das Dreifache der Regenmenge, die bei uns normalerweise niedergeht). Zweite Bedingung: Die Regenzeiten dürfen durch Trockenzeiten nicht allzu lang unterbrochen werden. Großflächig herrschen solche Bedingungen hauptsächlich in den inneren Tropen, dem Verbreitungsgebiet der tropischen Regenwälder. Kleinflächig aber gibt es sie auch anderswo. Besonders bekannt: die Regenwälder der nordamerikanischen Westküste im Bereich der gemäßigten Breiten, wo vom Meer kommende und an den küstenparallel verlaufenden Gebirgszüge abregnende Winde ganzjährig für hohe Niederschläge sorgen. Die dauernde Feuchtigkeit lässt Pflanzen üppig wachsen und ist Grundlage eines reichen Epiphytenbewuchs. Auch an Baumriesen herrscht kein Mangel: Die Mammutbäume dieser Region tragen ihren Namen zu Recht (siehe Seite 89). Leider teilen die pazifischen Regenwälder ein weiteres Merkmal mit den tropischen: Sie sind durch exzessiven Holzeinschlag aufs Äußerste bedroht.

R

In tropischen REGENwäldern wimmelt es nur so von Tieren.

Immer wieder beschwören Biologen den Artenreichtum der tropischen Regenwälder, den es zu bewahren gelte. Mancher Besucher erwartet sich deshalb ein tierisches Panoptikum, sobald er seinen Fuß in das geheimnisvolle Reich des Regenwaldes setzt, ein Feuerwerk bunter Farben, ein Ah und Oh an jeder Ecke – und ist dann schwer enttäuscht. Nichts los außer dem ständigen, nervtötenden Rufen irgendwelcher Insekten. So offensichtlich ist die Artenvielfalt der Regenwälder nicht. Das hat mehrere Gründe. Einer davon: Viele Tiere sind exzellent getarnt. Das nach dem Elefanten zweitgrößte Tier des afrikanischen Regenwaldes, das Okapi, wurde erst zu Beginn des 20. Jahrhunderts wissenschaftlich beschrieben (die einheimischen Pygmäen kannten die Waldgiraffe natürlich schon längst). Ein braunes Fell mit weißem Streifenmuster, das die Körperumrisse optisch auflöst, hilft dem Okapi, ein Leben im Verborgenen zu führen. Bunte Tiere wie die Paradiesvögel Neuguineas sind oft extrem scheu, so dass man Monate unterwegs sein kann, ohne sie zu entdecken. Der zweite Grund: Die überwiegende Menge der Arten – nicht nur im Regenwald – sind Insekten, und Insekten sind klein. Wer ihre Vielfalt studieren will, kommt ohne Lupe nicht aus. Ein dritter: Anders als in Savannen, die durch spektakuläre, riesige Tierherden aus Zebras, Gnus, Gazellen und Antilopen geprägt werden, sind in den Regenwäldern meist nur einzelne Individuen zu finden (wenn wir von den Ameisen einmal absehen). Viele Arten sind sehr selten. Schließlich: Wir Menschen sind dem Dämmerdunkel des Waldbodens verhaftet. Die Musik spielt aber in den oberen Stockwerken des Waldes, wo Blätter, Blüten und Früchte Grundlage für ein reiches Tierleben bieten. Erst in den letzten zwei, drei Jahrzehnten dringen wir mit teils abenteuerlichen Hilfsmitteln in die Kronenregion vor – eine ganz neue, unbekannte Welt tut sich dort oben auf. Fazit: Die tropische Vielfalt drängt sich nicht auf den ersten Blick auf. Selbst die Biologen haben lange gebraucht, bevor sie die Artenvielfalt der Regenwälder realistisch einschätzen konnten.

Tropischer **REGEN**wald ist dichter undurchdringlicher Dschungel.

Wie eine grüne Wand steht der Wald vor den Eindringlingen. Mit der Machete muss sich die Expedition einen Pfad schlagen. Jeder Schritt muss erkämpft werden, jeder Kilometer wird zur Qual ... Viele Spielfilme haben dafür gesorgt, dass sich solche Bilder in unseren Köpfen festgesetzt haben. Wahr ist: Tropische Regenwälder sind nicht überall leicht begehbar. Schließlich wachsen sie in Gebieten mit mindestens zweitausend Liter Niederschlag pro Jahr und Quadratmeter (Extremwerte liegen bei über 10.000 Litern). Im Tiefland erschweren ausgedehnte Sumpflandschaften das Fortkommen deshalb oft stark. Auch die viele Meter hohen Brettwurzeln der Urwaldriesen erzwingen manchen Umweg. Aber dschungelartig dicht? Pflanzen brauchen Licht, und Licht ist am Boden eines ungestörten Regenwaldes knapp. Mehrschichtige Baumkronen sorgen dafür, dass nur ein Prozent des gleißenden Tropenlichtes unten ankommt. Üppige Bodenvegetation kann nicht aufkommen, es sei denn, ein zu Boden gehender Baum reißt eine Lücke. Dort entsteht wenig später eine grüne Insel.
Undurchdringliche „grüne Hölle“ ist dagegen typisch für gestörte Wälder (Sekundärwälder), in denen Holzeinschlag und Wegebau dafür sorgen, dass reichlich Licht auf den Boden dringt. Dann regt sich dort Leben. Massenweise keimen Samen und jeder Keimling versucht, sich durch schnelles Wachstum einen dauerhaften Platz an der Sonne zu sichern. Jetzt ist ohne Machete tatsächlich kaum ein

Fortkommen. Erst nach vielen Jahrzehnten, wenn die Baumkronen wieder mehrstöckig schließen, stellen sich am Boden wieder „normale" Verhältnisse ein.

Die vergrößerten Eckzähne der Raubtiere werden als REISSzähne bezeichnet.

Das typische Raubtiergebiss zeichnet sich nicht nur durch übergroße, dolchförmige Eckzähne aus, sondern auch durch gezackte Backenzähne. Und hier hinten, nicht vorne, sitzen die Reißzähne. Es sind die größten Backenzähne im Ober- und Unterkiefer, genauer gesagt, der vierte und letzte Vorbackenzahn des Oberkiefers und der erste Backenzahn des Unterkiefers. (Vorbackenzähne sind solche, die auch schon im Milchgebiss vorhanden sind, während die eigentlichen Backenzähne erst nach dem Zahnwechsel erscheinen. Beim Menschen sind die vorderen beiden Backenzähne also Vorbackenzähne, die hinteren drei einschließlich des Weisheitszahns echte Backenzähne.)
Diese beiden Zähne treffen bei Raubtieren nicht flächig aufeinander, wie wir das von unseren eigenen kennen. Sie arbeiten wie eine Schere und werden auch als „Brechschere" bezeichnet. Die Oberkieferzähne gleiten schleifend außen an denen des Unterkiefers vorbei. Die Aufgabe der Reißzähne: Fleisch zerschneiden, Knochen zerbrechen. Dass die Schere so weit hinten im Kiefer sitzt, hat einfache physikalische Gründe: Hier ist die Hebelwirkung und damit die Kraftentfaltung besser. Auch wir knacken Nüsse deshalb mit den hinteren Backenzähnen und nicht weiter vorne. Die Eckzahn-Dolche der Raubtiere haben dagegen eine andere Funktion. Mit ihnen wird Beute festgehalten, manchmal auch getötet. Dem entsprechend werden sie nicht Reißzähne, sondern Fangzähne genannt.

RIESENkraken sind Fabelwesen. Stiche in alten Seefahrtsbüchern zeigen sie immer wieder, die vielarmigen, mit Saugnäpfen bewehrten Riesenwesen, die sich in bewegter See in aller Ruhe damit beschäftigen, größere Segelschiffe umzukippen und unter Wasser zu ziehen. Alles Seemannsgarn und Ausgeburt zügelloser Fantasie? Nicht ganz, denn es gibt sie tatsächlich, diese Riesenkraken. Nicht verbürgt allerdings sind irgendwelche Angriffe auf Menschen. Im Gegenteil, die Wege von Mensch und Krake kreuzen sich so selten, dass wir bis heute nur wenig über die Riesen der Tiefsee wissen. Das meiste verdanken wir einigen zufällig angeschwemmten Kadavern. Demnach maß der größte bekannte Riesenkalmar, 1933 in Neufundland angetrieben, fast 22 Meter, wobei acht Meter auf den Körper und vierzehn auf die Fangarme entfielen. Genauere Informationen könnten uns die Pottwale liefern. Diese Rekordtaucher scheinen sich kilometertief unter der Meeresoberfläche regelmäßig mit den Riesenkraken anzulegen. Davon jedenfalls zeugen die Kampfnarben an den kastenförmigen Walköpfen ebenso wie die Mageninhalte gefangener Wale. In einem solchen Walmagen wurde das größte bekannte Tierauge gefunden. Es hat einen Durchmesser von vierzig Zentimetern – und stammt von einem Riesenkalmar. Auch von zwanzig Zentimeter großen Saugnäpfen hinterlassene Narben an Pottwalen lassen vermuten,

dass sich in den Tiefen der Weltmeere noch größere Ungeheuer tummeln als wir kennen. Die größten bisher bekannten Kraken hatten nämlich „nur“ Fünfzehn-Zentimeter-Saugnäpfe.

ROBBEn gibt es nur im Meer.

Gleich mehrere der 34 Robben-Arten halten sich nicht an die Regel, nach der die Wasserraubtiere auf die Küsten und Packeisgürtel der Meere beschränkt sind. Beginnen wir mit den weniger spektakulären Fällen. Dass sich die Ringelrobbe, die nicht nur rund um das arktische Eismeer, im Nordpazifik und Nordatlantik schwimmt, sondern auch in der Ostsee vorkommt, den (mit der Ostsee durch die Newa verbundenen) Ladogasee nahe Sankt Petersburg, den nordöstlich davon liegenden Onegasee und den etwas weiter westlich gelegenen finnischen Saimaasee erschlossen hat, verwundert noch nicht sehr. Schließlich ist die Geografie dieses Gebietes erst jüngeren Datums (vor 10.000 Jahren lag alles noch unter Eis) und so ist leicht nachvollziehbar, wie es hier zur Abtrennung und Isolierung der Robben in den großen, meeresnah gelegenen Seen kommen konnte. Seither muss aber schon geraume Zeit verflossen sein, denn die Ringelrobben sowohl des Ladoga- als auch des Saimaasees lassen sich schon als jeweils eigene Unterarten auffassen – der Beginn der Artbildung. Ringelrobben gibt es aber auch, und das ist zunächst viel verblüffender, in einigen ausgesprochenen Binnenseen im Inneren Asiens. Wenigstens bei zweien dauert dieses Exil bereits so lange, dass sie inzwischen als eigene Arten gelten: die Kaspi-Ringelrobbe und die Baikal-Ringelrobbe. Erstere bewohnt immerhin noch ein Meer, wenngleich ein Binnenmeer, das keinen Kontakt zu einem der Weltmeere hat und demzufolge auch als Riesensee betrachtet werden könnte. Das Kaspische Meer ist etwa 1.200

Kilometer lang und über dreihundert Kilometer breit. Es hat nur Zuflüsse – der größte ist die Wolga – aber keinerlei Abfluss. Sein Salzgehalt von elf bis dreizehn Gramm pro Liter beträgt nur etwa ein Drittel dessen eines freien Ozeans. Die zweite Art bewohnt dagegen einen reinen Süßwassersee, den mitten in der asiatischen Landmasse liegenden Baikalsee. Mit über sechshundert Kilometer Länge, bis achtzig Kilometer Breite und eine Tiefe von sage und schreibe bis zu 1.620 Metern bildet er das größte Süßwasserreservoir der Erde. Und im Gegensatz zu fast allen anderen Seen existiert er nicht erst seit dem Ende der Eiszeit, sondern seit mehreren Millionen Jahren. Außerdem leben Ringelrobben in zwei weiteren, völlig isoliert liegenden asiatischen Binnenseen namens Kuku-Nor (oder Chöch Nuur), einem auf über dreitausend Meter über dem Meeresspiegel gelegenen, großen Hochgebirgssee im Westen Chinas und Oron-Nor, einem kleineren See in der westlichen Mongolei. So schwierig man sich das angesichts dieser Vorkommen mitten in einem Kontinent vorstellen kann: Auch hier scheint die letzte Eiszeit nachgeholfen zu haben und den Vorfahren der Binnen-Robben den Weg bereitet zu haben – wie das im Einzelnen vor sich gegangen sein soll, wird aber immer noch diskutiert.

Weniger problematisch, weil eher an das Beispiel des Ladoga- und Saimaasees erinnnernd, sind die Seehunde des Lower Seal Lake (Seal = Seehund) 150 Kilometer östlich der Hudsonbai in Ostkanada. Auch hier scheint die Eiszeit ein paar Seehunde vergessen zu haben, die sich seither im Süßwasser tummeln und möglicherweise ebenfalls bereits als eine eigene Unterart betrachtet werden müssen – die Vorstufe zum echten Süßwasser-Seehund. Aber auch „normale“ Meeres-Seehunde scheuen das Süßwasser nicht grundsätzlich. In Nordeuropa ziehen sie gelegentlich weit die Flüsse hoch.

Die ROSE von Jericho ist eine Rose.

Zuerst einmal: Es gibt mehrere Anwärter auf den Titel „Rose von Jericho“. Beginnen wir mit der ausdauernden Art, die unter diesem Namen in Geschenklädchen, im Devotionalienhandel und auf Krämermärkten viel verkauft wird. Bei ihr liegt gleich ein Doppelfehler vor: Diese Pflanze ist weder Rose noch von Jericho. Vielmehr handelt es sich um einen Moosfarn mit dem wissenschaftlichen Namen *Selaginella lepidophylla.* (Nebenbei bemerkt ist auch die Bezeichnung Moosfarn irreführend, denn Moosfarne sind weder Moose noch Farne im herkömmlichen Sinn, sondern eine zu den Bärlappgewächsen gehörende Gruppe innerhalb der äußerst vielfältigen Farnpflanzen.) Und nun zu Jericho: Jeder Bibelfeste weiß, dass diese Stadt, eine der ältesten der Menschheit, im Heiligen Land liegt. Der Moosfarn stammt aber aus den Trockengebieten im Südwesten der Vereinigten Staaten und in Mexiko. Kaufen kann man diese „Rose von Jericho“ als zusammengerollten Ball, der sich, kaum ins Wasser gelegt, rosettenartig entfaltet und ergrünt. Im natürlichen Lebensraum beendet der seltene Regen den Zustand latenten Lebens, der angeblich bis zu dreißig Jahre dauern kann. Ist das Wasser verbraucht, rollt sich die Pflanze wieder zusammen und wartet auf den nächsten Guss. Allerdings ist das wasserabhängige Auf und Zu noch kein sicheres Lebenszeichen. Es funktioniert auch noch, wenn die Pflanze längst abgestorben ist.

Mit etwas mehr Recht kann sich der Kreuzblütler *Anastatica hierochuntica* „Rose von Jericho“ nennen. Auch hier: keine Rose. Aber wenigstens stimmt die Geografie, denn die Art wächst in der Trockenzone Nordafrikas und des Nahen und Mittleren Ostens. Sie ist, anders als der amerikanische Konkurrent, einjährig, stirbt also nach der Fruchtreife ab. Ihre Zweige rollen sich dann zur Kugel, die vom Wind als „Steppenhexe“ vor sich hergetrieben wird, wobei die Samen ausgestreut und damit verbreitet werden – so steht es jedenfalls in älteren Werken der Botanik, in den neuesten wird diese unkonventionelle Fortbewegungsweise der falschen Rose angezweifelt. Wie dem auch sei: Wird die Kugel feucht, entfaltet sie sich wieder, um sich bei erneuter Trockenheit wieder zum Ball einzukrümmen. In *Anastatica*, dem wissenschaftlichen Namen der Pflanze, steckt das griechische Wort Anastasis, zu deutsch Auferstehung. Damit wird auf die beliebig häufig wiederholbare Auffaltung der ausgetrockneten Pflanzenbälle angespielt, die in diesem Fall allerdings keine echte Wiederbelebung ist, sondern lediglich auf physikalischen Prozessen beruht. Trotzdem: Die „Auferstehungspflanze" passte zur christlichen Symbolik und machte die Rose von Jericho als beliebtes Pilger-Souvenir aus dem Heiligen Land populär.

Alle SÄUGEtiere können schwimmen.

Diesem Irrtum unterliegt natürlich niemand, der den Menschen zu den Säugern zählt, wie sich das vom biologischen Standpunkt aus eigentlich gehört. Jeder weiß, dass Menschen jämmerlich ertrinken, wenn sie das Schwimmen nicht mühevoll erlernen. Auch an dieser Stelle erweist sich übrigens die überaus nahe Verwandtschaft des Menschen und der Menschenaffen. Orangs, Schimpansen, Bonobos und Gorillas sind neben uns wohl die einzigen geborenen Nichtschwimmer unter den Säugetieren. Mancher Gorilla ist im seichten Wasser eines Wassergrabens im Zoo schon ertrunken, unfähig, sich zu retten, was oft durchaus möglich gewesen wäre.

Der Nichtschwimmer-Status von Mensch und Menschenaffen ist äußerst ungewöhnlich. Unter den Nicht-Menschenaffen scheint es keinen einzigen solchen Nichtschwimmer zu geben. Manche Arten stürzen sich sogar hemmungslos ins Wasser, wie die Nasenaffen der im Wasser wurzelnden Mangrovenwälder Borneos. Dort bleibt ein gelegentlicher Absturz nicht aus, der fast immer im Wasser endet. Kleine Flüsse werden auch freiwillig schwimmend überquert. Auf der Nachbarinsel Java schwimmen und tauchen die Javaneraffen nach Krebsen und Muscheln. Auch die weitere Verwandtschaft hält es nicht anders mit dem feuchten Element. Wir gehen davon aus, dass sich, von der erwähnten Ausnahme abgesehen, alle Säugetiere erfolgreich über Wasser halten können, selbst solche, die unter natürlichen Umständen ihr ganzes Leben lang weder Fluss noch See sehen.

Unter den SÄUGEtieren und Vögeln gibt es keine giftigen Arten.

Verteidigung oder Nahrungserwerb mit Hilfe von Gift ist im Tierreich gang und gäbe. Oft ist der Gifteinsatz so häufig und so effektiv, dass das Image ganzer Tiergruppen davon geprägt wird. Als Gifttiere schlechthin gelten zum Beispiel Schlangen (obwohl es unter ihnen viele harmlose gibt), Amphibien und Spinnen. Auch unter den Fischen finden sich zahlreiche hoch giftige Arten wie den Steinfisch oder den Rotfeuerfisch, die regelmäßig an Unfällen mit sehr unliebsamen Folgen beteiligt sind. Aber Säugetiere oder Vögel? Tatsächlich gibt es unter ihnen nur ganz wenige Gifttiere. Ausgerechnet eines der ursprünglichsten Säugetiere, das ostaustralische Schnabeltier, gehört dazu. Am hinteren Fußgelenk tragen die Männchen einen mehrere Zentimeter langen hohlen Sporn aus Horn, auf dem eine im Oberschenkel sitzende Giftdrüse mündet. Dieser soll hauptsächlich bei Rivalenkämpfen eingesetzt werden. Jedenfalls neigen die sonst sehr toleranten Schnabeltiermänner während der Fortpflanzungszeit dazu, ihr Revier unter Sporneinsatz gegen andere Männchen zu verteidigen. Einige Verletzungen von Menschen zeigten, dass mit dem Schnabeltier-Gift durchaus nicht zu spaßen ist. (Die nahe verwandten Schnabeligel haben ebenfalls einen solchen Sporn, allerdings ohne Giftdrüse.) Giftigen Speichel haben einige Spitzmaus-Arten, unter ihnen die heimische Wasserspitzmaus. Ihre Kieferdrüse liefert ein Sekret, das ein Nervengift enthält. Wenige Zehntel Milligramm des Drüsengewebes genügen, eine zwanzig Gramm schwere Wühlmaus umzubringen, wenn man es ihr injiziert. Mit Wasserspitzmaus-Bisswunden ist also nicht zu spaßen. Dritter im Bunde der Giftsäugetiere ist der gut rattengroße Dominikanische Schlitzrüssler, als Insektenfresser ein Verwandter der Spitzmäuse. Auch hier ist es die Unterkieferdrüse, die giftigen Speichel produziert. Die zweiten unteren Schneidezähne des Schlitzrüsslers sind tief gefurcht. Durch diese Kanäle gelangt das Gift zielsicher in die gebissene Beute.

Dass es auch giftige Vögel gibt, wurde der Wissenschaft erst 1989 bekannt, als ein amerikanischer Biologe in Neuguinea von einem Vogel gekratzt wurde, seine verletzten Finger in den Mund steckte und daraufhin ein Taubheitsgefühl (und leichte Panik) bekam. Federn und Haut von fünf übel riechenden Arten der Gattung *Pitohui* enthalten Homobatrachotoxin, ein Nervengift, das auch von südamerikanischen Pfeilgiftfröschen bekannt ist.

Der SEE-Elefant ist mit den Elefanten verwandt.

Elefanten gehen gerne baden und sie schwimmen auch erstaunlich gut. Aus Südostasien gibt es Berichte und sogar Unterwasserfotos eifrig strampelnder Elefanten, die auf diese Weise mehrere Kilometer vom Festland entfernte Inseln erreichen können. Hilfreich ist dabei der eingebaute Schnorchel, manchmal das einzige, was von dem schwimmenden Dickhäuter zu sehen ist. Trotzdem: See-Elefanten sind sie deshalb noch lange nicht. Selbige nämlich sind Riesenrobben.

Elefantös sind am echten See-Elefanten gleich zwei Dinge: Masse und Rüssel.

Erstens Größe und Masse: Mit einem Gewicht, das vier Tonnen erreichen kann, spielt diese mit bis zu vier oder gar fünf Metern Länge größte aller Robben-Arten in der gleichen Liga wie die grauen Landriesen. Diese Maße gelten für die Südlichen See-Elefanten, die ums Kap Hoorn und einige subantarktische Inselgruppen verbreitet sind. Der nahe verwandte Nördliche See-Elefant von der Westküste Nordamerikas bleibt etwas schlanker. Bei gleicher Länge bringen die Bullen nur etwa zweieinhalb Tonnen auf die Waage. Viel kleiner sind die Weibchen. Bei beiden Arten bleiben sie bei einer Länge von zwei bis drei Metern unter einer Tonne. Dieser deutliche Größenunterschied ist die Folge eines Paarungssystems, bei dem sich nur die stärksten Bullen einen Harem von meist etwa vierzig Weibchen erkämpfen können, während die schwächeren gewöhnlich ganz leer ausgehen. Zweitens Rüssel: Mit der meterlangen Elefantennase können die Riesenrobben nicht mithalten. Aber zur Paarungszeit können die Bullen ihre vergrößerten Nasen durch Atemluft und, so wird vermutet, einen örtlichen Blutstau zu einem gewaltigen, ziemlich unförmi-

gen Kurzrüssel aufblasen. Hoch aufgerichtet, laut brüllend und mit vor Erregung geblähter Rüsselnase schlagen sich die Bullen mit ihren Eckzähnen tiefe und oft heftig blutende Wunden. Schließlich geht es um Sein oder Nichtsein – jedenfalls im übertragenen Sinne. Denn wenn die Kämpfe auch selten tödlich enden, so eröffnet erst ein Sieg im Kampf Paarungschancen und damit die Möglichkeit, das eigene Erbgut weiterzugeben.

Masse und Rüssel: Viel mehr Gemeinsamkeiten haben die beiden grauen Riesen, die Robbe und der Elefant, nicht.

Die SEEspinne ist eine Spinne.

See- oder Meerspinnen sind eine Familie der äußerst vielgestaltigen Krebstiere. Zu ihnen gehört neben der eigentlichen Seespinne, die auch im Mittelmeer vorkommt, der größte Krebs, die Japanische Riesenkrabbe. Groß ist allerdings nicht deren Körper, der nur etwa dreißig Zentimeter lang wird, sondern die Spannweite der langen Beine, die bis zu drei Meter betragen kann. Diese spinnenartig langen Beine, zwischen denen der vergleichsweise kleine Körper hängt, mögen die Namensgebung erklären. Krebse sind mit Spinnen aber nur sehr entfernt verwandt (beide sind, wie auch die Tausendfüßer und Insekten, Gliederfüßer). Während Krebse überwiegend im Meer oder Süßwasser leben, sind Spinnen gewöhnlich wasserscheu. Eine der wenigen Ausnahmen: die heimische Wasserspinne. Da sie, anders als ein Krebs, keine Kiemen hat, muss sie sich unter Wasser mit einem Luftvorrat versorgen. Die Atemluft wird zwischen den Haaren des Hinterleibs festgehalten und lässt diesen dadurch unter Wasser silbrig glänzen. Als Spinnen-Heim und -Kinderstube dienen Taucherglocken, fein gewebte Netzkuppeln, die von der Spinne mit Luft gefüllt werden.

S

Menschen verfügen über fünf **SINNe.** Sehen, Hören, Riechen, Schmecken, Tasten: Mit dieser Grundausstattung an Sinnen erschließen wir uns die Welt. Droht Gefahr, warnt uns, wenn wir Glück haben, vielleicht noch der sechste Sinn, eine dumpfe Ahnung, die wir keinen eindeutigen Sinneseindrücken zuschreiben können. Spätestens hier, meinen rational denkende Zeitgenossen, ende die Normalität und beginne das Paranormale, die Welt des Unerklärlichen, der Wahrsager und Hellseher.

Wenn dem wirklich so wäre, wären wir arm dran. Denn der Mensch verfügt zum Glück über einige mehr als die immer wieder genannten fünf Standardsinne. Wir können zum Beispiel Wärme und Kälte wahrnehmen – Sinneseindrücke, für deren Erfassung eigene Sinneszellen zuständig sind. Wir können Schmerzen fühlen. Wir haben mit dem ans Innenohr gekoppelten Labyrinth ein Messgerät für Beschleunigungen. Wo bliebe ohne das Labyrinth der lustvolle Kitzel, den uns eine Fahrt mit der Achterbahn verschafft? Aber selbst die wildesten Loopings können uns allenfalls kurz darüber täuschen, wo oben und unten ist. Ein eigenes, auf die Richtung der Schwerkraft ansprechendes Sinnesorgan sorgt dafür, dass wir immer mit beiden Beinen auf dem Boden stehen. Und schließlich verfügen wir über einen eingebauten Zeitsinn, ohne dass es allerdings bis jetzt gelungen wäre, herauszufinden, wo die innere Uhr sitzt, die in jedem von uns tickt. Unstrittig ist dennoch, dass sie das tut. Denn Menschen, die versuchsweise über Monate ohne Kontakt zur Außenwelt, ohne natürliche Beleuchtung, Geräusche von außen oder sonstige Hinweise auf die Tageszeit in unterirdischen Bunkern gelebt haben, fielen keineswegs dem Chaos anheim. Ihr Tag-Nacht-Rhythmus änderte sich auch ohne Umwelteinflüsse nicht wesentlich. Also: Wer nur seine fünf Sinne beisammen hat, kriegt bloß die Hälfte mit.

Alle SPINNEn sind giftig. Tatsächlich gehören zur Grundausstattung der Webspinnen Giftklauen, rechts und links der Mundöffnung liegende, schlanke Dolche mit einer kleinen Öffnung knapp unterhalb der Spitze. Dort münden die Giftdrüsen, mit deren Hilfe alle Spinnen ihre Beute bewegungsunfähig machen. Alle – bis auf die Kräuselradnetzspinnen (Uloboridae), zu deren etwa 150 Arten auch die heimische Dreieckspinne (*Hyptiotes paradoxus*) gehört. Ihre Giftdrüsen sind zurückgebildet, den Giftklauen fehlt die kanülenartige Öffnung. Sie müssen sich also auf die mechanische Wirkung ihrer Dolche verlassen. Zusätzlich macht eine besonders starke Fesselung im Netz die Beute wehrlos.

STÄDTE sind biologische Wüsten. Wer seltene Pflanzen finden und Tiere beobachten will, kann sich heutzutage überlegen, ob er ins freie Feld zieht oder mit der S-Bahn in die Stadt fährt. In manchen amerikanischen Großstädten werden inzwischen schon Wildlife-Safaris angeboten. Städte bieten nämlich manche Vorteile für viele Arten, unter denen sich auch einige finden, die durchaus zu den seltenen und gefährdeten gehören, der Wanderfalke zum Beispiel. Milde Temperaturen, ein reiches Nahrungsangebot und weniger Feinde lassen an den mittelalterlichen Slogan denken: „Stadtluft macht frei". Städte bestehen eben nicht nur aus Asphaltflächen und ragenden Betontürmen, sondern auch aus Gärten, Parks mit Gewässern und alten Bäumen, aus Ruderalflächen und Bahngelände, wo sich die Natur teils jahrelang ungestört entfalten kann. Vor allem Spezialisten für die Besiedlung flüchtiger Lebensräume, wie sie früher etwa entlang der Flüsse bestanden, finden hier ideale Bedingungen.

Ich will hier aber nichts beschönigen: Ihre hohe Lebensqualität für viele Tiere und Pflanzen verdanken Städte vor allem den sich ständig verschlechternden Bedingungen auf dem flachen Land, wo eine immer stärker industrielle Züge annehmende Landwirtschaft in den letzten Jahrzehnten für eine stetig zunehmende Uniformisierung der Landschaft gesorgt hat. Da bietet der Umzug in die Stadt manchmal wirklich den letzten Ausweg.

STECHpalmen sind Palmen. Beide wurden und werden als Deko-Artikel für christliche Feste benutzt, die Stechpalmen mit ihren immergrünen, glänzenden Blättern und den knallroten Beeren als Beiwerk in Adventskränzen, die Palmenblätter am Palmsonntag (wobei hier oft auch Palmfarnblätter zum Einsatz kommen, die – Sie haben es vielleicht schon vermutet – von einer Pflanze stammen, die weder Palme noch Farn ist). Damit aber ist schon Schluss mit Gemeinsamkeiten. Verwandtschaftlich stammen die Palmen als einkeimblättrige Pflanzen aus einer ganz anderen Ecke des Pflanzenreiches als die zweikeimblättrigen Stechpalmen.

Stechpalmen oder Ilex kommen weltweit mit etwa vierhundert Arten vor. In Deutschland einheimisch ist nur eine einzige, die zudem auf die Gebiete beschränkt ist, wo kein allzu scharfer Frost herrscht. Ein berühmter südamerikanischer Verwandter der heimischen Stechpalme liefert den koffeinhaltigen Mate-Tee.

STEINbrech auf Mauern und Felsen sprengt das Gestein. Nicht nur der deutsche Name dieser überaus artenreichen Pflanzengattung unterstellt dem Steinbrech Sprengkraft, sondern auch sein wissenschaftlicher, das lateinische Wort *Saxifraga*, was genau dasselbe bedeutet. Sehr viele der etwa 350 Arten wachsen in Hochgebirgen und klammern sich dort in die kleinsten Ritzen der Felsen. Unterstellt man ihnen allerdings, sie hätten diese Spalten selbst geschaffen, verwechselt man Ursache und Wirkung. Denn nur dort kann ein Steinbrechsame keimen, wo ein kleiner Riss wenigstens eine minimale Humusansammlung ermöglicht. Die Wurzeln der Pflanzen dringen nicht in den Stein selbst vor und entfalten auch keine Sprengwirkung in den Spalten, die sie durchziehen. In Kalkgesteinen ist allerdings denkbar, dass chemische Prozesse eine Rolle spielen. Pflanzenwurzeln geben nämlich Kohlensäure ab und erhöhen dadurch die Löslichkeit von Phosphaten und Carbonaten, und aus letzteren besteht Kalkgestein.
Eine zweite Namensdeutung ergibt sich aus der Volksmedizin: „Wenn man des Krautes Wurzeln nimmt in Wein, bricht sie den Stein in den Blasen." *Saxifraga* als steinbrechende Medizin gegen Blasen- und Nierensteine.

Der Tasmanische **TIGER** ist eine Raubkatze. Tigerähnlich machen den Tasmanischen Tiger (engl. native tiger) lediglich seine Querstreifen.

Ansonsten wird der im Deutschen gebräuchlichere Name Beutelwolf diesem früher in ganz Australien, in historischer Zeit nur noch in Tasmanien verbreiteten, auf den ersten Blick (von seinem aparten Streifenmuster abgesehen) hunde- oder wolfsähnlich aussehenden Raubbeutler eher gerecht. Hier stimmt wenigstens ein Namensteil, der Beutler. Der Wolf, zunächst einleuchtend, führt dagegen wieder in die Irre. Seine Wolfsgestalt verdankt das größte Fleisch fressende Beuteltier nämlich nicht der nahen Verwandtschaft mit diesem, sondern einem Phänomen, das Evolutionsbiologen Konvergenz nennen. Dabei entstehen durch ähnliche Anpassungen in einem vergleichbaren Lebensraum trotz ganz unterschiedlicher stammesgeschichtlicher Herkunft verblüffende Übereinstimmungen im Körperbau. Salopp gesagt: Der Beutelwolf hat den Job des Wolfs im wolfsfreien fünften Kontinent übernommen und erhielt durch Erbgutveränderungen (Mutationen) und natürliche Auslese (Selektion) allmählich Wolfsgestalt, obwohl er mit Beutelratten und Kängurus viel näher verwandt ist als mit Wölfen.
Übrigens sollte ich hier nicht in der Gegenwarts-, sondern in der Vergangenheitsform schreiben. Der Tasmanische Tiger weilt nicht länger unter uns. Ihm widerfuhr das Schicksal so vieler „Raubtier"-Arten, die wegen ihres anstößigen Lebenswandels erbarmungslos verfolgt wurden. Seit 1936, als der letzte Beutelwolf im Zoo starb, wurde kein lebendes Exemplar mehr beobachtet.

In Sibirien gibt es TIGER. Schließlich gibt es Sibirische Tiger. So jedenfalls heißt eine der acht Unterarten der großen Raubkatze (von denen mindestens eine, vermutlich aber zwei oder drei, nämlich Balitiger, Javatiger und Kaspitiger, bereits ausgerottet sind). Nun ist Sibirien zwar riesig, aber nicht grenzenlos.

Und ausgerechnet der ferne (Süd-)Osten Russlands gehört nicht dazu – und dort stoßen die „Sibirischen“ Tiger (*Panthera tigris altaica*) an ihre nördliche Verbreitungsgrenze. Weil das Fluss-System des Amurs das russische Areal dieser großen Tiger-Unterart durchzieht, wurde als treffenderer Ersatzname Amurtiger vorgeschlagen. Früher allerdings erstreckte sich das Tigerland weit über den Amur hinaus, im Süden bis nach Korea. Außerdem, wie das so ist, halten wir an gewohnten Bezeichnungen hartnäckig fest, selbst wenn sie sich als falsch erweisen. So wird der Sibirische Tiger wohl weiter so heißen, auch wenn dort allenfalls in früheren, tigerreichen Zeiten gelegentlich ein umherstreifendes Einzeltier beobachtet wurde.

Wer lange ÜBERLEBT, ist, evolutionsbiologisch betrachtet, erfolgreich. Das gilt sicher für Arten oder höhere Kategorien. Es wäre unfair, den Schildkröten, die den Aufstieg und Untergang der Dinosaurier in aller Seelenruhe er- und überlebt haben, keinen Erfolg in der Geschichte des Lebens zu bescheinigen. Ganz sicher falsch ist es aber, wenn wir den Evolutionserfolg des Individuums an seinem Lebensalter abzulesen versuchen. Überleben zählt nämlich nichts, Fortpflanzung alles. Nur wer es schafft, seine Gene in die nächste Generation einzuschleusen, kann einen persönlichen Erfolg für sich verbuchen. Wer alt wird, aber kinderlos stirbt, ist, evolutionsbiologisch betrachtet, ein Auslaufmodell. Das ist der Grund, warum viele Vogelmännchen mit aberwitzigen Schmuckfedern und auffälligem Verhalten auf sich aufmerksam machen. Was soll Mann auch tun, wenn Tarnfarben und Heimlichkeit zwar keine Feinde anlocken, aber auch keine Weibchen beeindrucken? Ginge es lediglich darum, in Frieden alt zu werden, dürfte kein Pfauenhahn sich mit einem derart übertriebenen Schwanzgefieder belasten, ein Handicap sowohl beim Sich-Verbergen als auch auf der Flucht. Kein Rothirsch wäre gezwungen, wertvolle Mineralstoffe und Spurenelemente Jahr für Jahr in ein möglichst großes Geweih zu investieren, und, falls es ihm tatsächlich gelingt, ein Rudel zu erobern und gegen Rivalen zu verteidigen, seine Kraftreserven im Herbst dermaßen zu erschöpfen, dass dadurch das Überleben im Winter ernstlich gefährdet wird. Angesichts der Unmenge solcher Beispiele, die uns die Biologie bietet, ist man versucht, die Individuen nicht als die Herren der Schöpfung, sondern als die Sklaven ihrer Gene zu betrachten.

UNKEn werfen sich bei Gefahr auf den Rücken.

Amphibien scheiden aus Hautdrüsen Giftstoffe aus, die sie mehr oder weniger ungenießbar machen. Manches Amphibiengift ist aber zu schwach, um alle Fressfeinde abzuschrecken. Kein Storch wird einen Gras- oder Wasserfrosch sitzen lassen. Das beste Mittel für diese Arten, Feinden zu entgehen, sind gute Verstecke, Tarnfarben und im Notfall Sprungkraft. Wer über potentere Gifte verfügt, plakatiert dies dagegen oft auffällig. Ein Beispiel aus der heimischen Fauna ist der Feuersalamander, dessen schwarz-gelbe Warnfärbung Übergriffe verhindern soll, was auch ganz gut funktioniert bei denen, die schon einmal Feuersalamander probiert haben. Noch wesentlich giftiger sind zahlreiche

tropische Frösche, allen voran die Blattsteigerfrösche, deren Gifte zu den stärksten bekannten Tiergiften zählen (siehe Seite 60). Hier kann die erste Erfahrung bereits die letzte sein ...
Die heimischen Unken, in Mittelgebirgen die Gelbbauchunke, im Flachland die Rotbauchunke, kombinieren die beiden typischen Froschlurch-Strategien. Oben tragen sie Tarnung, unten Warnung. Die rot oder gelb gefleckte Unterseite wird aber nur dezent zur Geltung gebracht. Ärgert man eine Unke, wirft sie sich keineswegs wie oft behauptet auf den Rücken, sondern biegt denselben nur durch, hebt den Kopf und dreht Arme und Beine nach oben. Dadurch werden die bunten Flecken der Unterseite teilweise sichtbar – eine Warnung an alle, die sich an ihr vergreifen wollen. Der stark riechende weißliche Schleim, den die Unke dabei ausscheidet, führt selbst beim Menschen zu Niesen, brennenden Schleimhäuten und Sekretfluss („Unkenschnupfen"). Die Warnung „Rühr-mich-nicht-an-ich-bin-ungenießbar" ist also durchaus berechtigt.

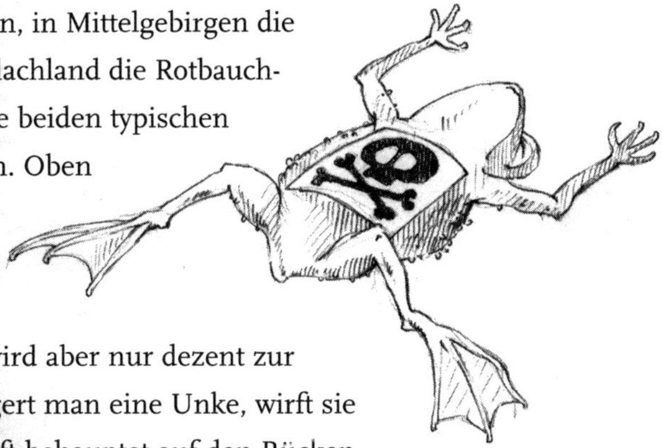

Der URVOGEL *Archaeopteryx* konnte so gut fliegen wie heutige Vögel.

Der Streit um die Flugfähigkeit des Urvogels *Archaeopteryx lithographica* tobt, seit die sensationellen Funde geborgen wurden, und – um es gleich vorweg zu sagen – er ist bis heute nicht endgültig entschieden. *Dass* er (oder sie, denn *Archaeopteryx* bedeutet „alte Feder") fliegen konnte, steht außer Zweifel. Schließlich entsprechen die

Anordnung der Federn und ihre asymmetrische Form weitgehend der bei flugfähigen heutigen Vögeln. Die Fußgänger unter den Vögeln haben dagegen keine asymmetrischen Federn mehr. Nur *wie gut* er fliegen konnte und ob er auch in der Lage war, sich vom Boden aufzuschwingen, ist umstritten. Arme und Schultergürtel waren nämlich noch sehr echsenähnlich. Insbesondere fehlt ein gekieltes Brustbein, an dem bei heutigen Vögeln die leistungsfähige Flugmuskulatur befestigt ist. Jeder, der sein Hähnchen mit der gebotenen Aufmerksamkeit verspeist, bemerkt, dass das leckere „Brustfleisch" immer in zwei Portionen zerfällt. Direkt am Knochen liegt die kleinere Portion. Das ist der Muskel, der den Flügel nach oben zieht. Die größere, außen liegende Portion besorgt den Abschlag. Beide Muskeln sitzen am zu diesem Zweck enorm großen Brustbein, das zusätzlich sogar noch mit einem die Muskelansatzfläche weiter vergrößernden Kiel versehen ist. Kaum vorstellbar, dass einer ohne ein solches gut entwickeltes Brustbein ordentlich fliegen kann. Denn wo sollte die kräftige Flugmuskulatur ansetzen? Aber vielleicht war es ja bei *Archaeopteryx* doch schon da – nicht als Knochen, sondern als am Fossil nicht erhaltener Knorpel?

Vor diesem Hintergrund wird die Aufregung verständlich, die der siebte *Archaeopteryx*-Fund im Jahr 1992 auslöste: An diesem Fossil wurde nämlich tatsächlich ein Brustbein nachgewiesen, zwar klein, aber verknöchert! Das und die längeren Hinterbeine lassen manche Wissenschaftler vermuten, dass dieser Urvogel nicht zur selben Art wie die sechs früher gefundenen gehört. Als Bayerischer Urvogel

Archaeopteryx bavarica wurde er dem schon lange bekannten *Archaeopteryx lithograpica* zur Seite gestellt.

Je größer der VOGEL, desto größer die Eier.

Diese Aussage scheint auf den ersten Blick banal: Natürlich legen größere Vögel auch größere Eier. Der statistische Zusammenhang besagt, dass eine Verdoppelung der Körpermasse des Weibchens eine Erhöhung der Eimasse um gut siebzig Prozent zur Folge hat. Betrachten wir die beiden Enden der Größenskala, bestätigt sich das: Die Eier des größten aller lebenden Vögel, des Afrikanischen Straußes, wiegen bei einer Größe von durchschnittlich 159 x 131 Millimeter etwa 1.500 bis 1.600 Gramm (die erst in historischer Zeit ausgestorbenen oder ausgerotteten Madagaskarstrauße mit ihren Neun-Kilogramm-Eiern lassen wir mal außen vor), die der winzigsten Kolibris bei einer „Größe" von 11 x 8 Millimeter etwa 0,4 Gramm. Allerdings, setzen wir das ganze in Relation zum Körpergewicht, sieht die Sache schon anders aus. Dann braucht man etwa achtzig bis hundert Straußeneier, um einen Strauß aufzuwiegen, aber nur vier oder fünf Kolibrieier wiegen schon genauso viel wie ein erwachsener Vogel! Im Vergleich zur Körpergröße legt der kleine Vogel das wesentlich größere Ei, und es wundert nicht, dass Kolibris nur ein oder zwei Eier ausbrüten, Strauße dagegen fünf bis elf Eier legen – trotz der gewaltigen Größe der Eier eine ungleich geringere Investition.

Wenn es um Eigröße geht, muss unbedingt der Kiwi genannt werden, der seltsame Wappenvogel Neuseelands, als flugunfähiger Laufvogel ein entfernter Verwandter des Straußes. Er ist der Vogel mit dem allergrößten Ei, verglichen mit seiner Körpergröße: Beim Zwergkiwi, der vom Schnabel bis zur Spitze des kaum vorhandenen Schwanzes ganze 35 bis 45 Zentimeter misst und zwischen einem und knapp zwei Kilogramm wiegt, ist es etwa elf Zentimeter lang, 7,2 Zentimeter breit und wiegt im Durchschnitt dreihundert Gramm. Es macht damit etwa ein Viertel des Gewichts eines (ebenfalls durchschnittlich viel wiegenden) Weibchens aus und ist viermal so groß wie der für einen Vogel dieser Größe erwartete Wert. Riesig ist auch der Dotter, der über sechzig Prozent des Eivolumens einnimmt.

So wie der Kiwi durch seine überdimensionierten Eier überrascht der Kuckuck durch seine viel zu kleinen. Das hängt damit zusammen, dass der ziemlich große Kuckuck seine Eier zu viel kleineren Singvögeln ins Nest bugsiert, wo sie keinesfalls auf den ersten Blick als Mogelpackung erkennbar sein dürfen.

Einen Unterschied macht es auch, ob die Jungen als Nesthocker oder als Nestflüchter aus dem Ei schlüpfen. Erstere sitzen nahezu nackt im Nest, haben geschlossene Augen und sind weitgehend hilflos, letztere sind gleich nach dem Schlüpfen auf den Beinen und müssen, meist von den Eltern geführt und angeleitet, schon selbst Verantwortung übernehmen. Nehmen wir eine Rabenkrähe und einen Austernfischer, die beide ein gutes Pfund wiegen. Rabenkrähen mit ihren Nesthockerküken legen Eier mit einer Durchschnittsgröße von 42 x 30 Millimetern und einem Gewicht von etwa 19 Gramm. Beim Austernfischer, dessen Junge Nestflüchter sind, messen die Eier 56 x 40 Millimeter und wiegen durchschnittlich 46,5 Gramm, also mehr als das Doppelte! Zudem nimmt bei Nestflüchtern der Eidotter etwa vierzig Prozent ein, bei Nesthockern lediglich 25 Prozent.

Genug der Zahlenspielerei! Eines aber wurde hoffentlich klar: Statistik hin oder her – die Natur lässt sich nur selten in ein einfaches Schema pressen.

Je größer der VOGEL, desto länger die Brutzeit. Es gibt eine klare, mathematisch beschreibbare Beziehung zwischen Eimasse und Brutdauer. Verdoppelt sich die Eimasse, verlängert sich die Brutdauer um 16 Prozent. Wer den vorhergehenden Abschnitt bereits gelesen hat, weiß, dass sich aus der Körpergröße einer Vogelart nicht immer auf die Eigröße schließen lässt – und damit natürlich auch nicht auf die Brutdauer, die von eben dieser Eigröße abhängt.
Der Kiwi mit seinem Riesenei (siehe Seite 137) brütet denn auch zwei bis drei Monate (63 bis 92 Tage), nicht nur eine Folge der enormen Eigröße, sondern auch der relativ geringen Bebrütungstemperatur von etwa 35 Grad Celsius. Ähnlich lange sitzen nur noch einige Albatrosse auf ihren Eiern. Der Strauß bringt es gerade auf 42 bis 46 Tage. Eine der kürzesten Brutzeiten hat der heimische Buntspecht, dessen Küken bereits nach zehn Tagen schlüpfen und damit schneller als die vieler wesentlich kleinerer Singvögel, die meist zwölf bis vierzehn Tage brüten.

VÖGEL brüten nur im Frühjahr. Brüten im Frühjahr hat zwei entscheidende Vorteile: Die Temperaturen steigen, so dass die Gefahr der Auskühlung von Gelege und Jungen geringer wird (bzw. die elterliche Investition in die Heizkosten sinkt). Der zweite und weit wichtigere Vorteil des Frühjahrs: Die Welt wimmelt plötzlich von kleinen Tieren. Die meisten heimischen Singvögel füttern ihre Jungen mit Insekten und Spinnen, die im Winter kaum zu finden, im Frühjahr dagegen reichlich vorhanden sind. Da Nestbau, Brut und Aufzucht der Jungen bei kleinen Vogelarten nur wenige Wochen in Anspruch nehmen, brüten zahlreiche Arten sogar zweimal im Jahr. So zieht sich die Brutperiode oft weit in den Sommer hinein.

Das Nahrungsangebot ist auch der Grund, warum sich eine unserer Singvogel-Arten diesem Schema gänzlich entzieht: der Fichtenkreuzschnabel. Kreuzschnäbel sind auf die Ausbeutung von Nadelbaumzapfen spezialisiert. Mit den vorne gekreuzten Schnabelspitzen haben sie auch das entsprechende Werkzeug, um Samen aus Zapfen zu gewinnen. Trotzdem ist das recht mühsam, solange die Zapfen noch fest geschlossen sind. Zur Selbstversorgung genügt es zwar, nicht aber um noch ein Nest voller Jungen durchzufüttern. Im Winter aber beginnen die Zapfen endlich, sich zu öffnen und ihre Samen freizugeben. Dann ist der Tisch für die Kreuzschnäbel reich gedeckt. Die auf der Suche nach Gebieten mit einer reichen Ernte herumvagabundierenden Vögel bauen jetzt dort ihr Nest, wo viele Zapfen locken. Die meisten Kreuzschnäbel beginnen im Januar oder Februar mit der Brut. Mitten im Winter ziehen sie ihre Jungen auf.

VOGELschnäbel sind starr und gefühllos.

Anders als Säugetiere mit ihren beweglichen Lippen lassen Vögel Mimik weitgehend vermissen. Das hängt sicher auch am Schnabel, der scheinbar starr mitten im Gesicht steht und dessen Oberfläche an totes, gefühlloses Horn erinnert. Das aber täuscht. Zunächst zur Beweglichkeit: Vögel können nicht nur, wie wir, den Unterkiefer gegen den Schädel

bewegen, sondern auch den Oberkiefer. Zwei dünne Schubstangen, die im Zusammenhang mit dem Unterschnabelgelenk stehen, sorgen dafür, dass sich beim Öffnen des Schnabels auch der Oberschnabel bewegt. Dieser ist nicht über ein echtes Gelenk, sondern über eine Biegestelle mit dem Schädel verbunden – und das lange bevor diese Art der Verbindung zweier Formteile durch die Hersteller von Plastikdosen populär wurde. Wenn Sie sich ein Bild von der Beweglichkeit des Oberschnabels machen wollen, bleiben Sie beim nächsten Zoobesuch mal eine Weile bei den Papageien stehen.
Ein spezielles Problem haben viele Schnepfenvögel. Stellen Sie sich zum Beispiel eine Bekassine vor. Von ihren 25 Zentimetern Körperlänge entfallen sieben Zentimeter auf den Schnabel. Und nun malen Sie sich aus, wie dieser dünne Schnabel bis zum Ansatz in den feuchten, schweren Schlamm gerammt wird, dann geöffnet wird, einen Wurm ergreift und wieder geschlossen wird. Dass das nicht funktionieren kann, leuchtet ein. Die Lösung der Schnepfen: Das durch die Schubstangen bewegte Biegegelenk liegt hier knapp hinter der Schnabelspitze, die dadurch separat beweglich wird.
Und wie steht's mit den Gefühlen? Zahlreiche sensible Nervenendigungen sorgen dafür, dass besonders Schnabelspitze und Schnabelrand zu den tastempfindlichsten Organen des Vogels gehören. Die Bekassine, die eifrig im feuchten Erdreich nach Nahrung sucht, stochert also nicht auf gut Glück „mit der Stange im Nebel“, sondern erhält über ihre sensible Schnabelspitze genaue Informationen über das Ergebnis ihrer Sondierungen.

VOGELspinnen ernähren sich von Vögeln. Ein klassischer Stich von Maria Sybilla Merian (1647–1717), die zu den frühen Erforscherinnen der südamerikanischen Flora und Fauna gehörte, zeigt die haarige Spinne an der Kehle eines von ihr überwältigten Kolibris. Die gefährliche, unheimliche, braune, erdgebundene Spinne tötet die bunten, harmlosen, Freude spendenden Wesen der Luft – darin erfüllte sich ein Klischee, das viel zu schön war, um so schnell wieder aufgegeben zu werden. Trotzdem: Derlei ist die absolute Ausnahme und keineswegs die Regel. Zu selten kreuzen sich die Wege von Spinne und Vogel. Vogelspinnen ernähren sich ganz überwiegend von Gliederfüßern, von Insekten, Asseln oder anderen Spinnentieren also.

VOGELspinnen sind die gefährlichsten Spinnen Südamerikas.

Vogelspinnen entsprechen dem klassischen Bild der gruseligen Spinne so perfekt, dass ihnen viele häufig und ohne groß nachzudenken auch die wirksamsten Gifte zuschreiben. Jeder Punk, der eine Vogelspinne als cooles Accessoire hält und sie gelegentlich, mit den weit verbreiteten Spinnenphobien spielend, über seine Hand laufen lässt, weiß aber, dass er sich damit keinesfalls tödlicher Gefahr aussetzt. Abgesehen davon, dass Vogelspinnen gutmütig und ziemlich berechenbar sind, ließe sich auch ein gelegentlicher Unfall verschmerzen. Ein reines Vergnügen ist ein Vogelspinnenbiss zwar nicht, aber das Risiko des anschließenden Ablebens bleibt gering. Da weist die Spinnenwelt ganz andere Kaliber auf. Die wahre Gefahr geht in Südamerika von der Kammspinne *Phoneutria* aus (und wenn man Pech hat, kann man auch im Hamburger Hafen ihre unangenehme Bekanntschaft machen; sie gehört zu den „Bananenspinnen“, die gelegentlich als blinde Passagiere auf Obstfrachtern importiert werden). Ich zitiere Horst Sterns Spinnen-Klassiker ‚Leben am seidenen Faden‘: „Sie macht mit den klassischen Warnfarben Schwarz und Rot, die sie in Gestalt lackschwarzer Giftklauen inmitten einer feuerroten Behaarung trägt, deutlich genug auf sich aufmerksam. Zudem hebt und spreizt sie, wenn sie sich bedroht fühlt, die vorderen Laufbeinpaare in die Höhe. An den Klauenenden, den Cheliceren, tritt Gift aus. Dann ist es höchste Zeit, einen Meter zurückzutreten, den knapp die Hälfte dieser Distanz überwindet *Phoneutria* im Sprung, obwohl sie nur von mittlerer Größe ist: drei bis vier Zentimeter Körperlänge. Kleinkinder überleben ihren Biss nur selten; das rasch wirkende Nervengift lähmt ihnen das Atemzentrum, und sie ersticken. Es gilt bei diesen Kammspinnen nicht, dass gerade die giftigsten Spinnen die beißunlustigsten sind.“ Deshalb passieren in Südamerika zahlreiche Unfälle mit *Phoneutria*. Noch ein paar Details zur Wirkung des Giftes? „Es ist vor allem ein Schmerzgift, und ... heftiger Schmerz allein kann einen Menschen töten, zumal dann, wenn dieser Schmerz stundenlang unvermindert anhält. Schon nach einer halben Stunde treten nervöse Störungen und eine teilweise Lähmung der Augenmuskeln ein, so dass die Lider kaum mehr gehoben werden können. Doppelbilder entstehen und heftige Schweißausbrüche bei Untertemperaturen. Die nervalen Reizleitungen versagen ihren Dienst, das Herz schlägt arhythmisch, das Atemzentrum ist gestört, und als Folge tritt in schweren Fällen Tod durch Ersticken ein ... Dies Martyrium kann sechs oder zehn Stunden nach dem Biss eintreten. Es kann am Tag darauf aber auch alles spurlos überstanden sein, wenn nicht innerhalb der ersten Stunden der Tod eintritt.“ Dem ist nichts mehr hinzuzufügen.

WALe haben keine Haare. Wale sind Säugetiere und zum Grundplan des Säugetiers gehört das Haarkleid wie zum Vogel die Federn. Die Aufgabe des Fells ist die Isolation. Denn Säugetiere sind gleichwarm und wer gut isoliert ist, spart Energie. Ausnahmen von dieser Regel gibt es allerdings. Heutige Elefanten und Nashörner zum Beispiel sind weitgehend haarlos. Das Problem dieser in tropischen Gefilden lebenden Riesensäuger ist nicht, sich gegen Wärmeverlust zu schützen, sondern – ganz im Gegenteil – sich keinen Hitzschlag zuzuziehen. Denn die gewaltigen Körper produzieren soviel Wärme, die bei allen Muskelbewegungen und Stoffwechselvorgängen zwangsläufig als „Abfall“ anfällt, dass diese Gefahr ständig besteht. Deshalb also statt Fell eine fast nackte Haut. Darüber hinaus kühlen sich die Elefanten, indem sie an der Rückseite der gewaltigen Ohrmuscheln Feuchtigkeit abgeben, die beim Verdunsten Wärme entzieht. Viele Wale schwimmen dagegen in kalten Gewässern. Sie brauchen eine effektive Isolierung. Trotzdem fehlt ihnen das Fell. Das leuchtet ein, denn ein nasses Fell wärmt nicht. Seine Aufgabe übernimmt eine dicke Fettschicht unter der Haut. Dass Wale von ganz „normalen“ vierbeinigen und behaarten Landsäugern abstammen, lässt sich aber gleich doppelt belegen. Einmal dadurch, dass Walembryonen im mütterlichen Uterus eine

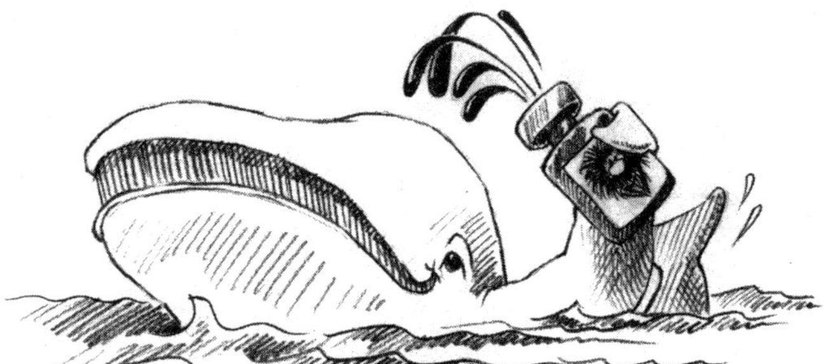

behaarte Phase durchmachen, ein deutlicher Hinweis darauf, dass früher auch die Erwachsenen ein Fell hatten. Zum anderen dadurch, dass die großen Meeressäuger selbst noch eine kleine Erinnerung an ihre bepelzten Vorfahren tragen (Evolutionsbiologen sprechen in solchen Fällen von „Rudimenten"): Am Kopf der großen Bartenwal-Arten finden sich einige Reihen entfernt voneinander stehender Haare, die vielleicht die Rolle von Geschwindigkeits- und Strömungsmessern spielen. Und ein schütterer kleiner Kinnbart dient vermutlich als Tastorgan.

WALDbeeren zu essen ist äußerst riskant.

Echinococcus multilocularis heißt der Übeltäter, der uns die letzten Freuden im deutschen Wald vergällt. Die Angst vor Infektionen mit dem Fuchsbandwurm – so sein deutscher Name – führt inzwischen zu regelmäßigen Warnungen vor dem Konsum von Waldbeeren. Manche Zeitungen (besonders die mit den riesigen Buchstaben) schüren gar Hysterie. Wer dem lockenden Rot der Walderdbeere nicht widerstehen könne, sei so gut wie todgeweiht. Blau-, Him- und Brombeeren tabu, Bärlauchblätter des Teufels? Wie real ist die Gefahr wirklich?

Normalerweise führt sein Lebenszyklus den Fuchsbandwurm durch Fuchs und Maus. Im Darm des Fuchses leben die winzigen, nur ein bis drei Millimeter langen erwachsenen Würmer, ohne groß zu schaden. Ihre Eier werden mit dem Kot des Fuchses nach außen transportiert. Wird ein solches Ei zufällig von einer Maus aufgenommen, entwickelt sich in dieser ein tumorartig wucherndes Gebilde, das später Hunderttausende winziger „Bandwurmköpfchen" enthält. Fängt und frisst ein Fuchs die Maus, kann jedes dieser Köpfchen zu einem erwachsenen Tier werden. Gerät ein vom Fuchs ausgeschiedenes Ei aber (wie auch immer) in den Menschen, passiert meist – gar nichts. Unser Immunsystem macht gewöhnlich kurzen Prozess mit dem Eindringling. In seltenen Fällen aber versagt es. Dann wächst im befallenen Menschen, ähnlich wie in der Maus, larvales Bandwurmgewebe wie ein Tumor. Meist ist die Leber befallen. Symptome treten oft erst nach vielen Jahren auf, wenn Operationen unmöglich geworden sind. Medikamente vermögen die Krankheit allenfalls zu bremsen, nicht aber zu heilen. Alles in allem eine scheußliche und tatsächlich zum Tode führende Krankheit, gegen die man sich natürlich vorzusehen versucht, selbst wenn sie nur sehr selten auftritt – kein Trost für den Betroffenen.

Wie aber kann man sich schützen? Ein Problem besteht darin, dass zwischen Infektion und Diagnose meist viele Jahre liegen. Wie sollen nach so langer Zeit Infektionswege sicher rekonstruiert werden? So ist es bisher in keinem Fall gelungen, nachzuweisen, auf welchem Weg das Parasitenei in den Körper des späteren Opfers kam. Soviel ist aber bekannt: Landwirte und Jäger sind etwas stärker gefährdet als andere Personen.

Soll man nun angesichts dieser äußerst unsicheren Beweislage und des zwar geringen, aber doch vorhandenen Risikos der leckeren Waldbeeren völlig entsagen? Mein eigener Ausweg aus dem unbestreitbaren Dilemma: Ich meide an Waldrändern und in der Umgebung von Baumstubben oder ähnlich herausgehobenen Stellen in Bodennähe wachsende Beeren. An solche Stellen koten Füchse gerne und in der Nähe von Fuchskot wachsende Beeren zu essen, heißt nun wirklich, das Schicksal herauszufordern. Wer ganz auf Nummer sicher gehen will, muss auf frische Waldfrüchte zwar wirklich verzichten, kann aber immerhin noch Marmelade kochen. Erhitzung auf über sechzig Grad Celsius tötet die Bandwurmeier zuverlässig ab.

WALrosse graben mit den Stoßzähnen nach Muscheln. Die Walrosse, nach den See-Elefanten die größten und schwersten Robben, haben beeindruckende Stoßzähne. Die Hauer, verlängerte und zeitlebens wachsende obere Eckzähne, können bei Männchen über einen Meter lang werden, wenn sie auch selten länger als einen halben Meter sind. Bei Weibchen bleiben die Hauer kleiner. Walrosse ernähren sich überwiegend von Muscheln. Lange galt deshalb als ausgemacht, dass ihre riesigen Eckzähne vor allem dem Freilegen von Muscheln am Meeresboden dienten. Eine andere Deutung ist im lateinischen Gattungsnamen *Odobenus* verborgen, der „Zahngänger" bedeutet. Beides mag hin und wieder vorkommen, sowohl der Hauereinsatz beim Ausgraben von Muscheln als auch beim Übers-Eis-Ziehen des schweren Körpers. Die Hauptaufgabe der Riesenzähne liegt aber im sozialen Bereich. Walrosse sind sehr gesellig, wobei die begehrtesten Plätze die mitten in der Gruppe sind. Dort liegen regelmäßig die Bullen mit den längsten Hauern. Sie dominieren auch während der Paarungszeit über weniger üppig ausgestattete Konkurrenten. Damit ist klar: Stoßzähne sind (ähnlich den Geweihen der Hirsche) soziale Rangabzeichen, die einerseits wohl schon im Vorfeld signalisieren, mit wem man es zu tun hat, andererseits auch direkt dazu eingesetzt werden können, eben diesen Rang zu verteidigen.

WEISShaie sind weiß. Weißlich ist allein der Bauch dieser berüchtigten Meeresraubtiere. Die Oberseite ist wie die vieler Haie in mittelgrau gehalten. Damit entspricht der Weißhai der Grundfärbung vieler Fische. Diese Gegenfärbung funktioniert im Wasser als Tarnkleid. Der helle Bauch ist von unten gegen den Himmel schlecht sichtbar, während die dunkle Oberseite sich von oben betrachtet kaum vom dunklen Wasser abhebt.

WILDER Wein ist die Wildform der Weinreben. Jede Kulturpflanze hat einen wild lebenden Vorfahren, so auch die Weinrebe. Die wilde Weinrebe, *Vitis vinifera*, stammt aus den Laubwäldern des östlichen Mittelmeergebietes und dringt an günstigen Stellen bis nach Mitteleuropa vor. Heimisch, wenn inzwischen auch sehr selten geworden, ist die wilde Rebe zum Beispiel in den Auwäldern von Rhein und Donau. Dort bietet ihr keines Winzers hilfreiche Hand Klettergestelle, und sie braucht sie auch nicht: Weinreben wachsen als Lianen. Bis zu vierzig Meter lang werden diese verzweigten Lianen, die dann einen halben Meter Stammdurchmesser erreichen können.

Der Wilde Wein, der als Fassadenkletterer zur Begrünung von Hauswänden und hässlichen Straßenbefestigungsmauern eingesetzt wird, ist ein naher Verwandter der Wilden Weinrebe und nicht der Vorfahr der Kulturreben. Er wird nicht der Gattung *Vitis* zugeordnet, sondern der Gattung *Parthenocissus*. Sein Nachteil: Er trägt keine genießbaren Trauben. Sein Vorteil: Er wächst schnell, ist äußerst robust und überzieht schon innerhalb weniger Jahre große Flächen mit einem wohltuend grünen Teppich. Bei uns kommen verschiedene Arten zum Einsatz, die überwiegend aus Amerika, zum Teil auch aus Ostasien stammen. Sie unterscheiden sich unter anderem in der Zahl und Stärke ihrer Haftscheiben, mit denen sie sich selbst an völlig strukturlosen Fassaden festhalten können. Nicht zu verwechseln ist der laubwerfende Wilde Wein mit dem immergrünen Efeu, der ebenfalls ganze Häuser überziehen kann.

WINTERfütterung hilft der heimischen Vogelwelt.

Jahr für Jahr geben wohlmeinende Tierfreunde viele Millionen aus, um Körnermischungen und Meisenknödel zu erstehen. In immer neue und teils raffiniert gebaute, ordinäre Spatzen aussperrende und niedliche Meisen begünstigende Futterapparaturen abgefüllt sollen sie den Not leidenden heimischen Singvögeln über die Unbilden des Winters helfen. Natürlich nützt das, wenn nicht den Vögeln, so doch dem Einzelhandel.

Um es gleich vorweg zu nehmen, es gibt nur einen Grund, Vögel regelmäßig zu füttern: Es macht einfach Freude, die bunten Piepmätze in der dunklen Jahreszeit anzulocken und sie auf dem Fensterbrett zu beobachten, nur durch eine Glasscheibe getrennt. Und gleichzeitig wärmt einem das Gefühl, Gutes zu tun, das Herz.

Wo liegt das Problem? Einerseits natürlich in der mangelnden Hygiene, die an vielen Futterplätzen herrscht. Manche Infektionskrankheit entwickelt sich zur Epidemie, weil sich dort zahlreiche Vögel treffen, die sich über verschmutzte und bekotete Nahrung anstecken. Dem ließe sich noch abhelfen. Um aber den eigentlichen Schaden des übermäßigen Vogelfütterns verständlich zu machen, muss ich ein wenig ausholen: Betrachten wir zwei heimische Vogelarten etwas genauer, den Gartenrotschwanz und die Kohlmeise. Ersterer frisst nur Insekten und muss deshalb sein Brutgebiet im Winter räumen. Er zieht bis in die inneren Tropen Afrikas. Kohlmeisen dagegen können im Winter auch Sämereien nutzen. Sie bleiben überwiegend hier und weichen lediglich heftigen Wintereinbrüchen kurzfristig aus. Beide Arten brüten in Baumhöhlen und konkurrieren dort, wo solche knapp sind, um gute Brutplätze. Kohlmeisen sind dabei deutlich im Vorteil: Sie können nämlich bereits im Spätwinter in aller Ruhe auf Wohnungssuche gehen und im März mit der Brut beginnen, während die Rotschwänze noch auf dem Heimweg sind. Acht bis zehn Eier liegen gewöhnlich in einem Meisennest, ein großer Teil der Vögel brütet zweimal pro Jahr. Ein Gartenrotschwanz legt dagegen durchschnittlich sechs Eier und brütet meist nur einmal pro Jahr. Der Terminplan eines Fernreisenden ist einfach wesentlich enger: Die Rotschwänze treffen in Mitteleuropa im Lauf des Aprils ein und beginnen Ende August bereits mit dem Wegzug. In der Zwischenzeit müssen nicht nur Reviere gefunden und verteidigt, Partnerschaften begründet und Junge großgezogen, sondern auch noch der energieaufwändige Wechsel des zerschlissenen Großgefieders über die Bühne gebracht werden.

Die Bilanz der Kohlmeise – mehr als doppelt soviel Nachwuchs und bessere Karten bei der Höhlensuche – lässt einen zweifeln, ob die Strategie des Rotschwanzes so sinnvoll ist. Ihren Wert beweist sie aber in kalten, lang anhaltenden und nahrungsarmen Wintern. Dann sterben nämlich wesentlich mehr Kohlmeisen als in milden Wintern, die Population wird deutlich dezimiert. Der Rotschwanz im fernen Afrika profitiert davon: Zuhause winken freie Wohnungen. Den Meisen schadet es auf Dauer auch nicht. Sie sind ja darauf eingestellt. Ihre hohe Fortpflanzungsrate sorgt dafür, dass die Lücken schnell wieder geschlossen werden.

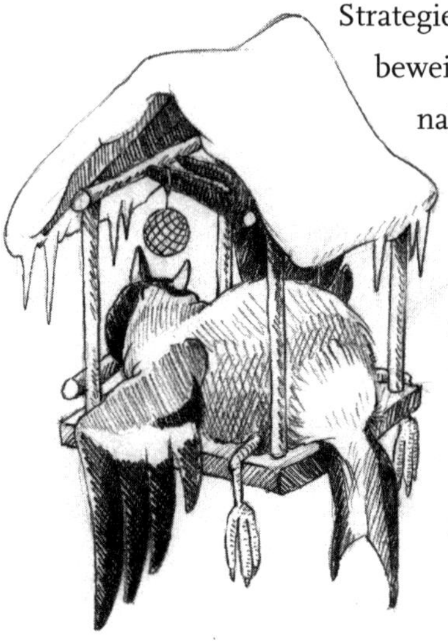

Und jetzt stellen Sie sich vor, zahllose und flächig ausgebrachte Futterstationen helfen sämtlichen Kohlmeisen Jahr für Jahr über den Winter. Die in der Eizahl bereits einkalkulierte höhere Wintersterblichkeit geht drastisch zurück. Mit dieser scheinbar tierfreundlichen Tat greifen wir in das ökologische Gefüge ein – und schaffen deutliche Nachteile für den Gartenrotschwanz. Ohne Zweifel: Mit unseren Futtergaben helfen wir manchem Vogel über den Winter, der es ohne uns nicht geschafft hätte. Aber gerade damit richten wir unwissentlich Schaden an.

WÖLFE heulen den Mond an.

Die sentimentalen Regungen, die den Romantiker angesichts einer hellen Mondnacht anwandeln, sind den Wölfen fremd. Ihre schauerlich-schönen nächtlichen Heularien ertönen in mondlosen Nächten ebenso wie in hellen, und auch tagsüber halten Wölfe keineswegs die Schnauze. Die Wolfsgesänge dienen dem sozialen Zusammenhalt innerhalb des Rudels ebenso wie als Signal an Wölfe der Umgebung, dass dieses Revier schon besetzt ist. Nicht immer sind Wölfe im Rudel unterwegs. Sie trennen sich zum Beispiel zur Jagd kurzfristig: Sind mehrere Kundschafter unterwegs, steigt die Chance, Beute aufzuspüren. Heulend informiert der fündige Wolf dann seine Rudelkumpane selbst über große Entfernungen, wenn er auf eine heiße Spur gestoßen ist.

WOLLgras blüht weiß. Düster und ein wenig trostlos wirken weite Moorlandschaften oft. Zwischen Bulten aus Torfmoosen und Seggen steht dunkelbraun das Wasser. Dankbar bleibt das Auge an den seidig glänzenden weißen Blütenschöpfen des Wollgrases hängen. Blütenschöpfe? Gräser pflegen äußerst unauffällig zu blühen und das Wollgras macht da keine Ausnahme. Den Insekten anlockenden Schmuck anderer Blütenpflanzen können sie sich sparen; sie vertrauen ihren Pollen den Winden an, die möglichst ungehindert an den Staubbeuteln entlang streichen sollen. Zur Blütezeit sind die Köpfchen der Wollgräser also klein, grünlich oder schwärzlich und mit gelben Staubblättern bedeckt. Erst nach der Befruchtung wachsen die kleinen Borsten der Blütenhülle zu langen weißen Fäden und bilden die typischen weißwolligen Köpfchen. Und wieder sind die Pflanzen auf den Wind angewiesen. Er soll die zwei bis drei Millimeter großen Samen am Schopf packen und wegtragen. Die weißen „Blüten“ des Wollgrases sind also Anhänge der Früchte, „Flugzeuge“, die sie zu einem Ort bringen sollen, an dem sie keimen und wachsen können.

ZOOs sind die Rettung für bedrohte Wildtiere. In früheren Zeiten machten es sich die Zoodirektoren einfach. Ihre Aufgabe sahen sie darin, Geld zu verdienen, indem sie einem neugierigen Publikum möglichst exotische und bizarre Tiere aus fremden Erdteilen präsentierten. Artenschutz spielte keine Rolle. Entsprechend trist sahen die Menagerien aus – wahre Tiergefängnisse. Diese Zeiten sind Gott sei Dank vorbei. Sowohl die Ansprüche der Tiergartenbiologen als auch die der Besucher haben sich grundlegend geändert. Moderne zoologische Gärten messen ihren Erfolg nicht zuletzt daran, wie viele Tier-

arten sich hier so wohl fühlen, dass sie sich erfolgreich fortpflanzen. Tierproduktion statt Tierverbrauch. In der sehr kontrovers geführten Debatte um ihre Rechtfertigung argumentieren die Befürworter der zoologischen Gärten auch mit dem Artenschutz: Der Zoo als Arche Noah für Tiere, die in freier Wildbahn zum Untergang verurteilt sind. Ein Paradebeispiel dafür könnten die letzten Wildpferde sein. Die Przewalski-Pferde, wie sie nach ihrem Entdecker genannt werden, sind in ihrer Heimat, den Steppen und Halbwüsten der Mongolei, ausgerottet. Die letzte Beobachtung gelang im Jahr 1968. Jagd und Verdrängung durch Viehhaltung in immer unwirtlichere Lebensbereiche gelten als Ursache dafür. Hätte nicht Carl Hagenbeck, der berühmte Hamburger Zoobesitzer, in den Jahren 1901 und 1902 insgesamt 39 Wildpferde importiert, gäbe es die Art nicht mehr. Von nur zehn dieser Tiere stammen alle Przewalski-Pferde ab, die inzwischen in zahlreichen zoologischen Gärten zu sehen sind. Inzwischen laufen Wiederansiedlungen in der mongolischen Heimat der Pferde. Es sieht so aus, als sei das Przewalski-Pferd dem Artentod noch einmal von der Schippe gesprungen.

Ähnliches versucht man mit dem kalifornischen Kondor, dessen Bestand zusammengebrochen war, wobei Abschuss und für Kojoten ausgelegte vergiftete Köder eine wichtige Rolle spielten. Zu Beginn der 1980er Jahre waren noch gut zwanzig Vögel übrig, der Niedergang hielt aber an und führte zu der Entscheidung, 1987 alle restlichen Wildvögel einzufangen und für mehr Nachwuchs zu sorgen, indem man den Kondoren ihr Ei wegnahm und es Ersatzeltern unterschob, worauf die Eltern ein zweites Ei legten, das sie dann selbst ausbrüten durften. Ab 1992 wurden dann junge Kondore ausgewildert und die Zukunft der Art sieht wieder etwas rosiger aus. Ein drittes Beispiel: Der Sibirische Tiger, dessen Bestand um 1940 auf zwanzig bis dreißig Tiere geschrumpft war und der deshalb ebenfalls zum bevorzugten Zuchtobjekt der Zoos wurde. Naturschutzbemühungen in ihrer Heimat ließen den Bestand dort wieder auf mehrere hundert Tiere wachsen. Im Zoo war man noch erfolgreicher, so dass inzwischen viermal so viele Sibirische Tiger in Gefangenschaft wie in freier Wildbahn leben. Die Zucht klappt also hervorragend. Nur: Was tun mit den vielen Tigern? Aussetzen? Über tausend Quadratkilometer groß kann das Streifgebiet eines Tigers sein. Im fast viertausend Quadratkilometer Sichote-Alin-Nationalpark liegt nur ein einziges Tigerrevier gänzlich innerhalb der Grenzen des Schutzgebietes. Außerhalb geschützter Zonen sieht es auch im Fernen Osten nicht viel anders aus als überall: genutzte Flächen, Land- und Forstwirtschaft, Viehhaltung. Kein Platz für Tiger. So bleibt den Zoos nichts anderes übrig, als ihren seltenen Pfleglingen die Pille zu verordnen, auf dass sie nicht mit Nachwuchs gesegnet werden, den niemand mehr unterbringen kann. Das ist beileibe kein Einzelfall. Nur in wenigen Fällen wie in dem des Wildpferdes lassen sich Aussterbe-Ursachen kurzfristig korrigieren, so dass eine Wiederansiedlung im angestammten Lebensraum überhaupt sinnvoll, weil möglich, erscheint. Nun gut, ließe sich argumentieren, warten wir auf bessere Zeiten für die anderen. Aber bleibt ein Wildtier, das über Generationen im Zoo gehalten wird, überhaupt ein Wildtier? Inzuchteffekten, die auf kleinen Populationen beruhen, versuchen die Zoos durch in Zuchtbüchern dokumentierte internationale Austauschprogramme vorzubeugen. Aber ein wesentlicher Evolutionsfaktor ist die Selektion, die natürliche Auslese. ‚Survival of the fittest' – das Überleben des Bestangepassten – nannte das Charles Darwin. Und weil die Evolution niemals stillsteht und sich die natürlichen

Umweltbedingungen einer Art, Klima, Nahrung, Feinde, Sozialgenossen usw. im Zoo nicht simulieren lassen, nicht für einen Tiger und noch viel weniger für einen Schimpansen, werden sich die Arten verändern. Fit für den Zoo bedeutet eben nicht fit im natürlichen Lebensraum – und so entwickeln sich im Lauf der Zeit zwangsläufig aus Wildtieren im Zoo Zootiere.

ZUGvögel ziehen nach Süden, weil es ihnen im Winter zu kalt ist.

Kälte macht den meisten Vögeln nicht viel aus. Sie haben ihre Daunenjacke ja stets bei sich. Wird es kühler, sollte die Jacke natürlich etwas wärmer sein. Kein Problem: Der Vogel plustert sich auf. Jede einzelne seiner Deckfedern ist mit kleinen Muskeln versehen, die sie aufstellen und anlegen kann. Darunter liegen plüschige Daunenfedern. Was mit dem Aufplustern gewonnen ist? Nun, seine isolierende Wirkung verdankt das Federkleid ja in erster Linie nicht der Dicke und Zahl seiner Federn, sondern der Menge an Luft, die es einschließt, und die steigert sich beim Aufplustern erheblich. Weil der Wärmeabfluss nach außen dadurch erheblich gebremst wird, muss die innen sitzende Heizung durch den Stoffwechsel des Vogels bei Kälte also kaum mehr leisten. Sinken die Außentemperaturen extrem, zieht der Vogel auch noch den Kopf ein und stülpt die Federhülle über die unbefiederten Beine. So zum Federball geworden, kann er auch eiskalte Nächte gut überstehen. Warum dann Vogelzug, diese aufwändige und nicht ungefährliche Reise, die oft über Tausende von

Kilometern durch unbekannte Gefilde führt, wo doch zahlreiche Untersuchungen ergeben haben, dass ein Vogel im heimischen Revier, wo er sich gut auskennt, am besten zurecht kommt?
Ganz einfach: Nicht Kälte, sondern Nahrungsmangel zwingt die Zugvögel in die Ferne. Was sollen Insektenjäger wie Schwalben, Neuntöter oder Grasmücken im Winter hier fressen? Und wo stillen Störche ihren Hunger, wenn die Sümpfe eingefroren sind? Gerade das letzte Beispiel zeigt, dass Kälte tatsächlich keine entscheidende Rolle spielt. Um den Weißstorch in Mitteleuropa zu retten, werden in Aufzuchtstationen Vögel aufgezogen und gehalten, die nachher ausgesetzt werden. Diese gut versorgten Störche machen sich zum Teil, selbst wenn sie frei sind, nicht mehr auf die Schwingen gen Afrika. Werden sie über Winter gut gefüttert, trotzen sie der Kälte problemlos.

Wo welcher Geschmack auf der ZUNGE wahrgenommen wird, ist genau festgelegt.

In allen Lexika und Lehrbüchern der Biologie wird uns die Zunge herausgestreckt. Groß, rosa und eingeteilt wie eine Landkarte. Vorne um die Zungenspitze ein kleines, mit „süß“ beschriftetes Gebiet, teilweise überlagert von einem sich seitlich auch an den Zungenrändern entlang ziehenden „salzig“-Terrain, das weiter hinten von „sauer“ abgelöst wird. Ganz hinten, auf dem mit großen, warzigenartigen Papillen bedeckten Zungengrund, wird es „bitter“. Plakativ, aber leider falsch. Erstens: Es scheint neben den vier allgemein bekannten Geschmackskategorien noch eine fünfte zu geben, vorläufig „Umami“ genannt (siehe Seite 59). Die ließe sich zur Not noch nachtragen, schließlich gibt es noch ein paar freie Plätzchen auf der Zungenkarte. Nötig ist das, zweitens, aber nicht, denn es gibt sie gar nicht, die

exklusiven Zonen zur Wahrnehmung eines bestimmten Grundgeschmacks. Jede Sinneszelle reagiert auf sämtliche fünf Grundwahrnehmungen. Die Geschmacksknospen auf der Zungenspitze sind also nicht auf süß oder salzig spezialisiert. Und der Quell der Bitternis sitzt nicht knapp vor dem Schlund. Unterstützt werden die Befunde an der Zunge von solchen im Nervensystem. Denn auch die Geschmacksnervenzellen, über die Informationen weitergegeben werden, übermitteln gemischte Daten und sind nicht auf einen Grundgeschmack festgelegt. Und schließlich müsste sich eine Zungengeografie, nach allem, was wir über die Organisation des zentralen Nervensystems wissen, auch in einer Gehirngeografie widerspiegeln, weil von unterschiedlichen Rezeptoren aus verschiedenen Gebieten gemeldete Reize auch im Gehirn normalerweise räumlich getrennt bearbeitet werden. Aber auch das ist nicht der Fall.
Also denken Sie daran, wenn Sie die nächste Praline auf der Zunge zergehen lassen. Nicht nur der Zungenspitze schmeichelt ihr süßer Schmelz. Bedenken Sie all Ihre Geschmacksknospen auf Zunge und Gaumen gleichmäßig. Selbstversuche haben ergeben: Das steigert den Genuss ungemein!

Zwei Blätter am Keimling sind ein sicheres Zeichen für ZWEIKEIMblättrige Pflanzen.

Samenpflanzen gibt es in zwei grundsätzlich verschiedenen Ausführungen, die sich daran unterscheiden lassen, ob sie ihre Samenanlagen frei tragen oder in schützende Fruchtblätter verpacken. Relativ artenarm (weniger als tausend Arten) ist die Gruppe der Nacktsamer, zu der in erster Linie die Nadelbäume zählen, während die Bedecktsamer eine überwältigende Formenvielfalt und Artenfülle ausgebildet haben – man rechnet heute mit etwa 250.000 bis 300.000 Arten.

Auch innerhalb der Bedecktsamer lassen sich wieder Trennlinien ziehen. Zunächst werden meist zwei Großgruppen unterschieden, die der Einkeimblättrigen und die der Zweikeimblättrigen. Als Keimblätter werden die allerersten Blätter bezeichnet, die der keimende Samen bildet. Gekoppelt mit der Zahl der Keimblätter unterscheiden sich beide Gruppen auch noch an zahlreichen weiteren Merkmalen. So weisen die Blätter der Zweikeimblättler gewöhnlich eine Mittelachse auf, von der seitliche Blattadern abzweigen, während die Einkeimblättler (typisches Beispiel: Gras) fast immer parallel verlaufende Blattadern haben.

Was aber tun mit einer Pflanze wie dem Lerchensporn (*Corydalis*), einem in feuchten Laubwäldern häufigen heimischen Frühjahrsblüher, dessen Blatt- und Blütenbau ihn unzweifelhaft als Zweikeimblättler ausweisen, der aber ganz und gar regelwidrig mit nur einem Blättchen keimt? Stellt dieser Ausreißer das ganze System in Frage? Diese Frage hat die Botaniker natürlich beschäftigt und sie fanden eine elegante Lösung: Das, was dem unbedarften Beobachter als ein Keimblatt erscheint, sind in Wirklichkeit zwei, die miteinander verwachsen sind. Und weil Wissenschaftler gerne Fachwörter kreieren, nannten sie es Pseudomonokotylie, zu deutsch: falsche Einkeimblättrigkeit.

Verwirrung stiften neben den paar falschen Einkeimblättlern auch solche, deren Keimblätter umgebildet sind. Knacken Sie eine Walnuss und Sie finden im Innern, zusammengefaltet wie zwei Hirnhälften, die zu Speicherorganen umgebildeten Keimblätter. Der eigentliche Keimling sitzt an der Verbindungsstelle der beiden Hälften. Walnüsse, Eichen und zahlreiche andere Arten mit Speicherkeimblättern müssen sich deshalb beim Keimen mit ihrer Blattzahl nicht mehr an die Zweier-Regel halten.